MİXAEL LAYTMAN

KABALANIN TƏZAHÜRÜ

*Yer kürəsi əhalisinin xoşbəxtliyə
nail olması üçün rəhbərlik*

Laytman Mixael

KABALANIN TƏZAHÜRÜ.
Laitman Kabbalah Publishers, 2024. – 218 s.

Laitman Michael

Kabbalah Revealed.
Laitman Kabbalah Publishers, 2024. – 218 pages.

ISBN 978-965-7577-97-4
DANACODE 760-142

"Kabalanın təzahürü" kitabını yazmağa onun üçün qərar verdim ki, min illər ərzində öz dəyərini sübut etmiş bu elmi-həyat müdrüklüyünün mənbəyi kimi təqdim edim.
   Əslində kabala bu günkü həyat üçün mənəvi və praktiki rəhbərlik kimi aktual ol-duğu qədər heç vaxt aktual olmamışdır.
   Bu kitab bizə qədim bu elmin nə olduğunu izah edəcək: onun mənbəyi haradan başlanır, necə inkişaf edib, indiki bu müasir dəyişkən dünyada mənbə və bələdçi kimi inamla yaşamağa və irəliləməyə kömək edərək bizim hamımıza necə xidmət edir.
   Bununla yanaşı bu kitab sizin çoxlu kəşflər edə biləcəyiniz şəxsi səyahətiniz ola bilər.
   Mən kabala elmi haqqında olan bu hekayəmi sadə və asan dildə yazmağa çalışdım ki, sizə bu kitabı oxumaq xoş olsun. Əgər "Kabalanın təzahürü " sizin gündəlik həyatı-nıza daha çox sadiqlik və rahatlıq gətirərsə, bununla belə, sizə əbədiyyətə ötəri nəzər salmağa imkan verərsə - mən tam mükafatlanacam.

M.Laytman

Copyright © 2024 by Laitman Kabbalah Publishers
1057 Steeles Avenue West, Suite 532
Toronto, ON M2R 3X1, Canada
All rights reserved

MÜNDƏRİCAT

Müəllif haqqında 7

I hissə. Kabala keçmişdə və indi

Ümumi ideya 12
Elmin beşiyi 15
Başqa yollar 18
Əsas suallar 20
Kabalanın yaranması 22
Dəyişikliklərin hərəkətverici qüvvəsi 24
Sürücünün yerini tutmaq 26
Gizlətmək, axtarmaq... və tapmamaq 29
Qlobal böhranın xoşbəxt sonluğu 31
Eqoizm tələdir 33
Birliyin zərurəti 36
Yüksək həssaslıq 40
Zaman gəldi 43
Nəticələr 45

II hissə. Bütün arzuların ən böyüyü

Təkan - inkişafın əsasıdır. 49
Bağlı qapılar arxasında 52
İstəklərin təkamülü 55
İstəklərin idarə olunması 59
Yeni istəyin yaranması 61
Yeni istəyin reallaşdırılması metodu 63
Tikun - eqoist istəyin islah olunması 66
Nəticələr 69

III hissə. Yaradılışın mənbələri

Ruhi aləmlər 73
Dörd əsas mərhələ 76
Yaradılış İdeyasının axtarışları 83
Marşrut 90
Yuxarı və aşağı 93
Adam Rişon - ümumi ruh 98
Nəticələr 101

IV hissə. Bizim kainat

Piramida 105
Yuxarıda necə, aşağıda da elə. 108

Pillələrlə yuxarıya doğru 110
Ruhaniyyətə can atmaq 116
Nəticələr 123

V hissə. Kimin reallığı daha realdır?

Kabalanın öyrənilməsində
üç məhdudiyyət 129
Reallığın dərk olunması 135
Səhvlər tələsi 138
Mövcud olmayan reallıq 139
Ölçü cihazı 143
Altıncı hiss 146
Əgər yol varsa -
onu idarə edən də var. 149
Yaradılış ideyası 153
Reşimot - geriyə, gələcəyə qayıtmaq 156
Nəticələr 160

VI hissə. Azadlığa aparan yol darısqaldır.

Sübh öncəsi zülmət. 166
Gözəl aləmin dörd addımlığında 172
Öz imkanlarının hüdudlarını dərk et. 176

"Həyatın yüyəni" 179
Cəmiyyəti dəyişməklə özünü dəyişmək ...182
Dörd amil 185
Eyni növdən olan quşlar 191
Anarxistlərə yox! 195
Eqoizmin məhvi qaçılmazdır... 197
Müalicə 200
Gizlədilmə 203
Azad seçimin şərtləri 206
Azad seçim 208
İnam 209
Bilik 211
İki sözlə (Nəticə) 214

MÜƏLLİF HAQQINDA

Mixael Laytman (PhD fəlsəfəsi, MSc biokibernetikası, ontologiya və idrak nəzəriyyəsi üzrə professor) klassik kabala sahəsində dünya şöhrətli mütəxəssis hesab olunur. Onun keçdiyi həyat yolu tanınmış mənəvi lider üçün çox qeyri-adidir: biokibernetika sahəsində akademik təhsil almış və mühüm nailiyyətlər əldə etmiş alim qədim elm olan kabalaya müraciət etdi və kabala indiyə qədər də onun tədqiqatlarının əsas obyekti olaraq qalır.

Mixael Laytman kabala elminin 1976-cı ildə öyrənməyə başladı. Bu sahədə əsl müəllim axtararaq o, 1979-cu ildə məşhur kabalist Barux Aşlaqın (1906-1991) qəbuluna düşmək xoşbəxtliyinə nail oldu. Barux Aşlaq kabala aləmində Baal Sulam adı ilə məşhur olan Yequda Aşlaqın (1884 -1954) böyük oğlu və davamçısı idi. Bu adı və bu şöhrəti ona "Zoar" kitabına yazdığı "Sulam" (ivrit dilində pilləkən) şərhi gətirmişdi.

Həmin vaxtdan başlayaraq 12 il ərzində Mixael Laytman Barux Aşlaqın ən yaxın şagirdi və şəxsi köməkçisi oldu, onun həyatının son illərində yorulmadan onu bütün səfərlərində müşayiət etdi.

Müəlliminin ölümündən sonra, 1991-ci ildə M.Laytman Beynəlxalq Kabala Akademiyasını, 2004-cü ildə isə Y.Aşlaq adına Kabala Tədqiqatları İnstitutunu (ARİ - Ashlag Research İnstitute) təsis etdi. Bunlar kabala elmi sahəsində elmi və maarifləndirici fəaliyyətlə məşğul olan müstəqil, qeyri-kommersiya assosiasiyaları idi.

Beynəlxalq Kabala Akademiyası dünyanın 30-dan çox ölkəsində inkişaf etmiş filiallar və distansiyalı təlim mərkəzləri şəbəkəsinə malikdir. Akademiyanın *www.kabalah.info* saytı "Britanika" ensiklopediyası tərəfindən onu izləyənlərin sayına, materialların miqdarı və informativliyinə görə ən böyük təlim-təhsil internet-resurslarından biri kimi qeyd olunur. Bu sayt 20-dən çox dildə kabala testlərinə girişi təmin edir və gün ərzində on minlərlə izləyici bu sayta daxil olub, onun məlumatlarından bəhrələnə bilirlər.

Kabalanın təzahürü

Bu gün Mixael Laytmanın kabalaya dair çoxillik tədqiqatları çoxları tərəfindən təqdir və qəbul olunur. Onun qələminə 30-dan çox kitab məxsusdur. Hər gün www.kab.tv internet kanalında onun mühazirələri sinxron tərcümə ilə 6 dildə (ingilis, rus, alman, ispan, fransız, türk dillərində) yayımlanır.

M.Laytman 2005-ci ildən M. Laytman Ümumdünya Müdriklər Şurasının *(World Wisdom Council)* üzvüdür. Bu təşkilat müasir sivilizasiyanın qlobal problemlərinin həlli ilə məşğul olan dünyanın aparıcı alim və ictimai xadimlərini birləşdirir. Beynəlxalq intellektual birliyin qabaqcıl nümayəndələri, onun kabala elminin alimlərə və geniş ictimaiyyətə çatdırılmasında göstərdiyi səyləri alqışlayırlar.

Professor Ervin Laslo (İtaliya / Macarıstan), Budapeşt klubunun *(Club of Budapeşt)* və Ümumdünya Müdriklər Şurasının yaradıcısı və prezidenti: "Bizim bu planetdə mövcudluğumuzun taleyi həll olunduğu bir vaxtda qədim kabala elmi yenidən əhəmiyyət və aktuallıq kəsb edir. Bu klassik təlimdə olan müdriklik bizim qarşılaşdığımız problemlərin həlli və qarşımızda açılan imkanların həyata keçirilməsi üçün istifadə olunmalıdır. Bu çağırış həm İzraildə, həm də bütün dünyada yaşayan insanlara çatdırılmalıdır. Mixael Laytman, başqalarından daha artıq bu mühüm vəzifəni həyata keçirməyə və bu tarixi missiyanı yerinə yetirməyə qadirdir".

Professor Daniel Mitt (ABŞ), kabala fəlsəfəsi sahəsində aparıcı mütəxəssis: "Mixael Laytman - unikal və möhtəşəm bir şəxsiyyətdir, elmlə kabala fəlsəfəsinin əsaslandırılmış sintezini yaradan istedadlı alimdir".

I HİSSƏ.

KABALA KEÇMİŞDƏ VƏ İNDİ

ÜMUMİ İDEYA

Heç kəs üçün sirr deyil ki, kabala yeni dəbli Hollivud cərəyanlarının məhsulu deyil. Bu elm artıq min illərdir ki, mövcuddur. Onun yarandığı dövrdə insanlar təbiətə daha yaxın idilər. İnsanlar özlərinin təbiətlə sıx əlaqələrini hiss edir və ətraf mühitdə olan hər şeyə çox qayğı ilə yanaşırdılar.

O dövrdə insanların özlərini təbiətdən ayırmaları üçün heç bir səbəb yox idi, çünki onlar indi bizim olduğumuz kimi eqosentrik deyil və təbiətdən uzaq düşməmişdilər. O zamanlar insanlar təbiətin ayrılmaz hissəsini təşkil edir və ətraf aləmi dərindən dərk etməyə çalışırdılar.

İnsanların təbiət qanunlarını bilməmələri onları özlərini müdafiəsiz hiss etməyə vadar edirdi: onlar təbiət qüvvələri qarşısında qorxu hiss edir və bunu Ali qüvvə kimi qəbul edirdilər.

Təbiətlə sıx təmasda olaraq, eyni zamanda ondan ehtiyat edərək yaşayan insanlar onları əhatə edən

Kabalanın təzahürü

aləmi tədqiq edir, ən əsası isə onun kimin tərəfindən idarə olunduğunu öyrənməyə çalışırdılar.

Bizim müasir, bir çox aspektlərdə "süni" dünyamızdan fərqli olaraq, insan nəsli, bu gün olduğu kimi, təbii fəlakətlərdən qoruna, səfalətdən qaça bilmirdilər. Beləliklə, təbiətlə yaxınlıq və onun qarşısında qorxu hissi onları təbiətin sirlərinin cavabını axtarmağa vadar edirdi. Bizi əhatə edən aləmin ilk kəşfiyyatçıları bilmək istəyirdilər ki, bu aləmin bir məqsədi varmı? Əgər varsa, onda yaradılışın ümumi layihəsində bəşəriyyətin rolu nədən ibarətdir? Onlardan Yaradılış ideya-sının ən yüksək dərketmə səviyyəsinə çata bilənləri "kabalistlər" adlandırma-

"Kabalist" anlayışı ivrit dilində "kabala" sözündən yaranmış və "almaq" mənasını ifadə edir. Kabalanın orijinal dili ivritdir. Kabalist bu dili öz aralarında ruhaniyyət mövzularında söhbətlər aparmaq üçün köməkçi vasitə kimi yaradıblar. Kabala haqqında bir çox başqa dullərdə kitablar yazılmışdır, lakin əsas terminlər ivrit dilindən götürülmüşdür.

ğa başladılar. Bunların içərisində ən seçilmiş, qeyri-adi şəxsiyyət olan Avraam (İbrahim) adlı bir insan var idi. O, həm Yaradılış ideyasını dərindən araşdırmaqla, həm də bu bilikləri başqalarına ötürməklə məşğul idi. Bir dəfə o anladı ki, insanları qorxudan əzab-əziyyətdən qurtarmağın yeganə vasitəsi, onların təbiətin onlara münasibətində niyyətini tam anlamamaqlarıdır. Ona görə də Avraam (İbrahim) gücünü və vaxtını əsirgəmədən arzu edən hər kəsə bu elmi öyrətməyə başladı. Beləliklə, Avraam (İbrahim) kabalanı öyrədən müəllimlər nəslinin ilk nümayəndəsi oldu. Onun ən istedadlı tələbələri müəllimlik edərək öz biliklərini özlərindən sonrakı nəsillərə ötürürdülər.

Kabalistlər təbiətin ümumi proqramının "müəllifini" Yaradan, bu proqramın özünü isə "Yaradanın ideyası" adlandırırlar. Başqa sözlə, kabalistlər təbiət və onun qanunları haqqında danışanda Yaradanı nəzərdə tuturlar. Yaradan haqqında danışanda isə təbiət və onun qanunları başa düşülür. Bu terminlər sinonimdir. Kabalist üçün "Yaradan" məfhumu mücərrəd, qeyri-adi bir varlığı deyil, insanın yüksək səviyyədə bilik qazanaraq, yüksələcəyi növbəti pilləni göstərir.

İvrit dilində "yaradan" sözü "bore" kimi səslənir və iki sözdən ibarətdir : "bo" -"gəl" və "re"- "qör ". Beləliklə, "Yaradan" sözü ruhi aləmi öyrənmək üçün dəvət kimi hər bir insana ünvanlanır.

Kabalanın təzahürü

ELMİN BEŞİYİ

İlk kabalistlərin əldə etdikləri biliklər onlara nəinki təbiətdə baş verən hadisələrin gizli mexanizmini, hətta həyatda bizim hamımızın qarşılaşdığımız hadisələri də izah etməyə imkan verirdi.

Beləliklə, təbii ki, onlar müəllim oldular. Onların topladıqları elmi məlumatlar isə nəsillərdən nəsillərə keçərək, müasir elmlərin təməlini qoydu.

Ola bilər ki, kabalistlər bəzilərinə qaranlıq, dar hücrələrdə, şam işığında sirli manuskriptlər yazan tərki-dünya zahidləri kimi görünürlər. Müəyyən mənada bunu başa düşmək olar, çünki XX əsrin sonlarına kimi kabala bir sirr kimi saxlanılmışdır. Belə mistik abu-hava bu elm ətrafında müxtəlif rəvayət və əfsanələr yaradırdı və bunların çoxunun uydurma olmasına baxmayaraq, ən ciddi mütəfəkkirləri belə indiyə qədər düşündürür və yanıldır. Bununla belə, kabala həmişə sirr olaraq qalmayıb. İlk kabalistlər öz bilikləri ilə açıq şəkildə bölüşür və ictimai həyatda aktiv iştirak edirdilər.

Dahi riyaziyyatçı və filosof Qotfrid Leybnits kabalanın məxfiləşdirilməsinin ona təsiri haqqında fikrini açıq söyləyir: "Nə qədər ki, insanlarda Böyük Sirri açmaq üçün uyğun açar yox idi, biliyə olan ehtiras sonda boş şeylərə və inanclara gətirib çıxardı. Nəticədə əsl kabaladan uzaq olan "vulqar kabala", həmçinin yalançı magiya adı altında müxtəlif fantaziyalar meydana çıxdı, kitablar bunlarla doldu".

Kabalistlərlə qarşılıqlı əlaqə onların müasirləri olan alimlərə də təsir edərək bu gün bizim "qərb fəlsəfəsi" adlandırdığımız fəlsəfənin əsasının formalaşdırılmasına gətirib çıxardı və sonralar müasir elmlərin təməlini qoydu.

Bu barədə humanist alim, klassisizmin tədqiqatçısı, qədim dillər və ədəbiyyat üzrə mütəxəssis olan İohann Reyxlin "Kabala incəsənəti" kitabında belə yazır: "Hər halda mənim müəllimim, fəlsəfənin atası Pifaqor öz təlimini yunanlardan yox, daha çox yəhudilərdən götürüb. Buna görə də o, "kabalist" adlandırılmalıdır. O, ilk dəfə olaraq öz müasirlərinə məlum olmayan "kabala" sözünü yunan dilinə "fəlsəfə" kimi tərcümə etmişdir."

Kabala bizə həyatımızı boş yerə sərf etməyə imkan vermir və şüurumuzu idrakın zirvələrinə qaldırır.

BAŞQA YOLLAR

Ümumiyyətlə, filosoflar kabalist deyildilər. Onlar kabala elmini öyrənmədikləri üçün bu qədim müdrikliyin dərinliklərini tam dolğunluğu ilə dərk edə bilmirdilər. Nəticədə inkişafı və tətbiqi xüsusi yanaşma tələb edən elm təhrif olunaraq inkişaf edir və yanlış tətbiq olunurdu. Kabala elmi dünyanın kabalistlər yaşamayan hissələrinə nüfuz edən zaman əhəmiyyətli dəyişikliklərə məruz qalırdı.

Beləliklə, bəşəriyyətin inkişafı dolayı yolla getdi. Qərb fəlsəfəsinin kabala elminin zərrəciklərini özündə cəmləşdirməsinə baxmayaraq, onun inkişafı tam başqa istiqamətdə gedirdi. Qərb fəlsəfəsi bizim maddi dünyamızı araşdıran, beş duyğu üzvümüz vasitəsilə qavradığımız elmləri yaratdı. Kabala isə, bir elm olaraq, bizim təbii hissiyyat orqanlarımızın hiss edə bilmədiklərini, onlardan kənarda baş verənləri öyrənir. Prioritetlərin dəyişməsi bəşəriyyəti kabalistlərin malik olduqları, əldə etdikləri ilkin biliklərdən fərqli olan, əks istiqamətə apardı. İstiqamətlərin belə dəyişməsi bəşəriyyəti uzun, dolanbac bir yol keçməyə vadar etdi. Bu faktın yaratdığı nəticələri biz sonrakı mövzularda müzakirə edəcəyik.

ƏSAS SUALLAR

Kabala fəlsəfəsi 2000 il ərzində gizli elm kimi qalıb. Bunun səbəbi çox sadədir - çünki ona tələbat hiss olunmurdu. O zamanlar bəşəriyyət təkallahlılıq dinlərinin əmələ gəlməsi, sonralar isə yeni elmlərin yaranması və inkişafı mərhələsində idi. Elm kimi, din də ən fundamental suallara: "Bizim dünyada, Kainatda yerimiz nədir?", "Bizim mövcudluğumuzda məqsəd nədir? ", qısası: "Biz nə üçün yaranmışıq?" suallarına cavab vermək üçün lazım idi. Müasir dövrdə, keçmiş zamanlardan fərqli olaraq, çox insanlar hiss edirlər ki, 2000 il əvvəl onları kifayətləndirən şeylər bu gün onların tələbatlarına cavab vermir. Dinin və elmin bu günkü izahları onları qane etmir. Həyatın mənasını araşdıran ən əsas suallara cavab tapmaq üçün insanlar başqa mənbələrə müraciət edirlər: kimlərsə - Şərq təlimlərinə, gələcəkdən xəbər verənlərə, magiya (cadugərlərə, sehrbazlara) və mistikaya, kimlərsə - kabala fəlsəfəsinə müraciət etmişlər.

Belə ki, kabala fəlsəfəsi əvvəlcədən də bu əzəli və əbədi suallara cavab vermək üçün yaranan bir elmdir, onu bilməyin özü bu suallara düzgün cavab deməkdir. Həyatın mənasına aid olan suala qədim cavabları yenidən açaraq, biz sözün əsl mənasında, kabaladan üz döndərib, fəlsəfəyə üz tutduğumuz o qədim zamanlarda insanlıqla təbiət arasında yaranan boşluğu doldururuq.

KABALANIN YARANMASI

Kabala fəlsəfəsi ilk dəfə 5000 il əvvəl Mesopotamiyada - müasir İraqın ərazisində yerləşən qədim dövlətdə meydana çıxıb. Mesopotamiya nəinki kabalanın, həm də digər müxtəlif qədim praktik və mistik ənənələrin vətəni olub. O zamanlar insanlar bir çox təlimlərə inanır, onların eyni zamanda bir neçəsinə sitayiş edirdilər. Qədim dünyanın mədəniyyət mərkəzi olan Mesopotomiyada astrologiya, gələcəkdən xəbər vermə, numerologiya (rəqəmlərlə fala baxma), magiya, cadugərlik, sehrbazlıq, lənətləmə, bəd nəzər təcrübəsi və s. inkişaf edir, çiçəklənirdi.

İnsanlar müxtəlif etiqadlarla kifayətləndikləri üçün onlar hər hansı dəyişikliklər etməyə ehtiyac hiss etmirdilər. Onları ancaq öz həyatlarının mühafizəsi və onu daha da yaxşılaşdırmaq fikri maraqlandırırdı. İnsanları həyatın yaranmasına dair problemlər maraqlandırmır, onun qanunlarını yaradan qüvvələrin kim və yaxud nə olması onları zərrə qədər də düşündürmürdü.

İlk baxışdan elə görünür ki, bu suallar arasında fərq elə də böyük deyil. Əslində həyatın yaranmasına və onu idarə edən qanunlara aid olan suallar bir-birindən fərqlənir. Necə ki, maşını sürmək bacarığı onu yığmaq bacarığından fərqlidir. Bu, tamamilə fərqli biliklər səviyyəsidir.

DƏYİŞİKLİKLƏRİN HƏRƏKƏTVERİCİ QÜVVƏSİ

Arzu və istəklər aydın səmada göy gurultuları kimi meydana çıxmır. O, bizdən asılı olmayaraq daxilimizdə yaranır və yalnız tamamlanmış şəkildə üzə çıxır. Bu ana qədər istekler ya heç hiss olunmur, ya da bir çox hallarda səbəbsiz narahatçılıq kimi özünü göstərir. Bu hisslər bizim hamımıza tanışdır: sanki özün də bilmirsən, nə istəyirsən. Bu isə yetişməmiş istək deməkdir. Platon demişdir: "Ehtiyac kəşflərin anasıdır" və o, haqlı idi. Kabala fəlsəfəsi həmçinin bizi öyrədir ki, öyrənməyin yeqanə üsulu - hər şeydən əvvəl, öyrənməyi istəməkdir. Düstur çox sadədir: biz nəyisə arzu edəndə, əlimizdən gələn hər şeyi edirik ki, öz arzumuza çataq. Biz bunun üçün vaxt tapır, bütün qüvvələrimizi səfərbər edir və lazımi bacarıqlara nail oluruq. Belə çıxır ki, istək bütün dəyişikliklərin hərəkətverici qüvvəsidir.

Bizim istəklərimizin təkamülü bütün bəşəriyyətin tarixini müəyyən edir və formalaşdırır. Arzu və istəklərin artması insanları yeni tələbatları təmin etmək üçün ətraf mühiti tədqiq etməyə vadar edir. Cansız təbiətdən, bitkilərdən və heyvanlardan fərqli olaraq, insanlar daim inkişaf edirlər. Hər yeni nəslin və hər bir şəxsiyyətin istəkləri getdikcə çoxalır və daha da güclənir.

Kabala keçmişdə və indi

SÜRÜCÜNÜN YERİNİ TUTMAQ

Bu dəyişikliklərin mənbəyi - istək - 5 səviyyədən (sıfırdan başlayaraq 4-cü səviyyəyə kimi) ibarətdir. Kabalistlər onu "həzz almaq istəyi" və yaxud "almaq istəyi" adlandırırlar. Kabala fəlsəfəsinin yeni yarandığı dövrdə (5000 il əvvəl) almaq istəyi sıfır səviyyəsində idi. İndi siz özünüz anlaya bilərsiniz ki, biz inkişafın ən mühüm, dördüncü mərhələsində yerləşirik.

Uzaq keçmişdə, almaq istəyi sıfır səviyyəsində olanda, bizim tələbatımız bizi təbiətdən və bir-birimizdən ayıracaq səviyyədə deyildi. O zaman bizim birliyimiz, ətraf mühitə qaynayıb-qarışmağımız mövcudluğumuzun təbii üsulu idi. Bu gün isə çoxları meditasiya dərslərinə külli miqdarda pul ödəməyə hazırdırlar ki, bu ilkin vəziyyətə yenidən qayıtsınlar (gəlin etiraf edək ki, bu həmişə uğurlu alınmır). İnsanların heç ağlına da gəlmirdi ki, təbiətdən belə təcrid oluna bilərlər.

Kabalanın təzahürü

Qədim insan nəslinin nümayəndələri birliyin gücü daxilində, bir-biri ilə ünsiyyətdə hətta sözlərə də ehtiyac duymurdular və fikirlərini telepatiya yolu ilə çatdırmağı bacarırdılar. Bu, əslində vəhdət dövrü idi və bütün bəşəriyyət vahid bir xalq kimi idi.

Mesopotamiyada vəziyyət elə o dövrdə dəyişməyə başladı: insanların istəkləri artdı və daha eqoistik oldu. Təbiətə daha da çox uyğunlaşmaq, ətraf mühitə adaptasiya olunmaq əvəzinə, insanlar öz şəxsi tələbatlarını ödəmək üçün ətraf aləmi dəyişmək istədilər və bununla da öz tənhalıqlarını, təbiətdən uzaqlaşmalarını gücləndirmiş oldular.

Bu gün, çox əsrlər keçəndən sonra, biz başa düşürük ki, bu ağılsız ideya idi. Bu ideya bəşəriyyətin xeyrinə deyildi.

Tamamilə təbiidir ki, insanlar özlərini hamıya və hər şeyə qarşı qoyduqdan sonra, artıq bir-birinə ailə üzvü kimi, təbiətə isə öz evləri kimi münasibət bəsləmirdilər. Məhəbbətin yerini əvəz edən nifrət vahid xalqın fərdləri arasında ayrılıq toxumu səpirdi. Vahid xalq əvvəlcə iki qrupa bölünərək şərqə və qərbə yollandı. Onlar parçalanmağa davam edərək, nəhayət, bu gün mövcud olan çoxlu xalqları yaratdılar.

Bölünmənin meydana çıxan əlamətlərindən biri çoxsaylı dillərin yaranması idi. Bu da İncildə Babilistan qülləsinin yıxılması kimi təsvir olunub. Müxtəlif dillər insanları bir-birindən ayırdı, qarışıqlıq və nizamsızlıq yaratdı. İvrit dilində "nizamsızlıq" sözü "bilbul" kimi səslənir və meydana çıxan qarmaqarışıqlıqla əlaqədar Mesopotamiyanın paytaxtı Babel adını (Babilistan) aldı.

Bu parçalanmadan sonra bizim istəklərimiz sıfır səviyyəsindən birinci səviyyəyə kimi yüksəldi və biz özümüzü təbiətə qarşı qoymağa başladıq. Təbiətlə və Yaradanla olan birliyi pozmadan artan eqoizmi islah etmək əvəzinə, biz mexaniki və texnoloji qalxan yaratdıq ki, bizi ondan müdafiə etsin. Əvvəlcə biz elm və texnologiyaları inkişaf etdirdik ki, öz mövcudluğumuzu təbii fəlakətlərin azğınlığından müdafiə edək, lakin belə çıxır ki, biz bilərəkdən, yaxud özümüzdən asılı olmayaraq Yaradanı nəzarətdə saxlamağa və sürücünün yerini tutmağa çalışmışıq.

Bu qarmaqarışıqlıq və nizamsızlıqların baş verdiyi zamanda Avraam (İbrahim) Babilistanda yaşayır və bütlər hazırlamaqla ailə ticarətində öz atasına kömək edirdi. Bunu başa düşmək çətin deyil ki, Avraam (İbrahim) Babilistanda, bir növ qədim dünyanın Nyu-Yorkunda - ideyalar çoxluğunun ən çox çiçəkləndiyi yerdə yaşayırdı. Daim Avraamın (İbrahim) beynində yaranan "Bunların hamısını kim idarə edir?" sualı da bu nizamsızlıqla izah olunur. Bu sualın cavabı ona təbiətin qanununu kəşf etmək imkanı yaratdı. O, bu nizamsızlıq və parçalanmalarda bir məqsəd olduğunu başa düşən kimi bu barədə ona qulaq asmaq istəyən hər kəsə danışmağa başladı.

Kabalanın təzahürü

GİZLƏTMƏK, AXTARMAQ VƏ ... TAPMAMAQ

İnsan eqoizmi inkişaf etdikcə, biz onun hər bir yeni təzahüründə təbiətdən, Yaradandan daha çox uzaqlaşırdıq. Kabala fəlsəfəsində məsafə metrlə və ya santimetrlə ölçülmür, müəyyən əlamətlərlə səciyyələnir. Yaradanın əlaməti Vermək və Birlikdir. Biz yalnız həmin əlamətləri əldə edən zaman Yaradanı hiss edə bilərik. Əgər mən öz eqomu hər şeydən üstün tutsam, bütöv və altruist Yaradanla əsla birləşə bilmərəm. Bu, elə bil ki, arxasını bir adama çevirib, eyni zananda onu görməyə cəhd etmək deməkdir.

Bir halda ki, biz Yaradanla üz-üzə deyil, arxa-arxaya dururuq və indiyə kimi onu nəzarətdə saxlamaq istəyirik, ehtimal ki, nə qədər səy göstərsək də, məyus olacağıq. Görmədiyini və hiss etmədiyini tədqiq etmək mümkün deyil. Əgər biz 1800 dönüb əks istiqamətə baxmasaq, bu istək həyata keçməz və biz Yaradanı aşkar edə bilmərik.

İnsanlar texnologiyalar dövrünün var-dövlətə, sağlamlığa, ən əsası - təhlükəsiz gələcəyə aid olan, yerinə yetirilməsi mümkün olmayan vədlərindən artıq yorulmağa başlayıblar. Müasir dövrdə bu rifaha insanların az bir qismi malik ola bilir, lakin hətta onlar da tam əminliklə deyə bilməzlər ki, bu rifah daimidir və sabah onları dəyişikliklər gözləmir. Bu vəziyyətin üstünlüyü yalnız ondadır ki, o, bizi inkişafımızın istiqamətinə yenidən baxmağa və "Ola bilərmi ki, bütün bu əsrlər ərzində də biz düz yolla getməmişik?" sualını verməyə vadar edir.

Biz məhz bu gün - böhranın və yaranan vəziyyətin çıxılmaz olduğunu etiraf etdiyimiz zaman açıq deyə bilərik ki, düz yol seçməmişik. Özümüzü təbiətə qarşı qoyaraq, öz eqomuzu texnologiyaların inkişafı ilə müvazinətə gətirməyə çalışmaq əvəzinə, eqoizmi altruizm ilə əvəz edib, nəticədə birləşə bilərik.

Kabala fəlsəfəsində belə dəyişiklik "tikun" - "islah" adlanır. Yaradanın əksi olduğumuzu dərk etmək 5000 il bundan əvvəl onunla bizim aramızda yaranan parçalanmanı qəbul etmək deməkdir. Bu, "şərin dərk olunması" adlanır. Belə hərəkət etmək heç də asan deyil, lakin bu, əsl sağlamlığa və xoşbəxtliyə aparan ilk addımdır.

QLOBAL BÖHRANIN XOŞBƏXT SONLUĞU

Mesopotamiyadan çıxan hər iki ibtidai insan qrupu son 5000 ildə müxtəlif xalqlardan ibarət olan sivilizasiyalar kimi inkişaf edirdi. Onlardan biri bizim "qərb sivilizasiyası" adlandırdığımız xalqlar, o birisi isə "şərq şivilizasiyası" oldu. Qarşıdurmanın artması insanların bölünməsi prosesinin sona çatdığını sübut edir. Beş min il əvvəl vahid xalq, üzvlərinin eqoistliyinin artması səbəbindən parçalandı. Bu isə onların arasında nifaq yaranması ilə nəticələndi. Bizim indiyə kimi ölü nöqtədən tərpənməyimiz mümkün olmayıb, lakin heç olmasa bu gün bunu daha aydın dərk edirik .

Kabala hikməti anladır ki, hazırda mədəniyyətlərin qarşıdurması və qədim Mesopotamiyada çoxluq təşkil edən mistik cərəyanların bu günkü populyarlığı, insanların yeni sivilizasiya təşkil edərək birləşməyə başlamasını göstərir. Bu gün biz artıq dərk etməyə başlayırıq ki, bir-birimizə bağlıyıq və parçalanmadan əvvəlki vəziyyətimizə qayıtmalıyıq. Biz vahid bəşəriyyət yaratmaqla, təbiətlə və həmçinin Yaradanla əlaqəmizi bərpa edərik.

EQOİZM - TƏLƏDİR

Eqoizm - vəziyyəti həllolunmaz, əməlləri isə mənasiz edən, özü özünü ifşa edən, sonda öz inkarına və islah olunmasına gətirən bir tələdir.

Mistisizmin çiçəkləndiyi bir dövrdə kabala fəlsəfəsinin müdrikliyi aşkar olundu və o, insanlara bizim eqoizmimizin yaranma səbəbinə, onun tədricən inkişaf etməsinin əsaslarına dair biliklər verdi. Kabalistlər təsdiq edirdilər ki, bütün varlıqların məqsədi həzz almaq istəyinin yeri-nə yetirilməsindən ibarətdir.

Bununla belə, eqoist istəklər təbii yolla həyata keçmir. Bu, ona görə belə olur ki, bizim hər hansı istəyimiz həyata keçəndən sonra həvəsdən düşürük, həvəsdən düşəndən sonra isə daha ondan həzz almırıq. Məsələn, təsəvvürünüzə ən çox sevdiyiniz yeməyi gətirin. İndi isə xəyalınıza gətirin ki, gözəl, zəngin bir restoranda masa arxasında əyləşmisiniz və ofisiant üstü qapaqla örtülü boşqabı üzündə təbəssümlə gətirib sizin qarşınıza qoyur, sonra isə qapağı açır. Mmmm.... Necə də tanış, məftunedici bir rayihədir! Siz artıq həzz alırsınızmı? Bəli, məhz buna görə bu yeməyi xəyalınızdan keçirəndə sizin orqanizminiz ağız suyu və mədə şirəsi ifraz etməyə başlayır, lakin siz yeməyə başlayan andan tədricən, doyduqca yeməkdən aldığınız həzz azalır. Nəhayət, doy-duqdan sonra, siz artıq həzz almırsınız və yeməyi dayandırırsınız. Siz yeməyi udmaqdan yorulduğunuz üçün əl çəkmirsiniz. Yeməyi ona görə dayandırırsınız ki, mədə dolu olanda qida daha zövq vermir. Bu, eqoizmin "tələsidir": əgər siz istədiyinizi əldə etdinizsə, onu artıq arzu-lamırsınız.

Beləliklə, həzz almadan həyat bizim üçün mümkün olmadığına görə, biz yeni və daha çox hiss olunan zövqalma mənbəyi axtarmağa davam etməliyik. Bu məqsədlə biz özümüzdə yeni istəklər inkişaf etdiririk ki, onlar da həmçinin yarımçıq qalacaqlar. Bu, qapalı dairədir. Əslində biz nə qədər çox istəsək də, özümüzü o qədər çox boşluqda hiss edirik. Bu boşluq isə bizim məyusluğumuzu artırır.

Bir halda ki, bəşəriyyət istəklərin tarix boyu müşahidə olunan ən gərgin səviyyəsində yerləşir, biz etiraf etməliyik ki, bu gün bizim narazılığımız, məmnuniyyətsizliyimiz əvvəllər olduğundan daha yüksək səviyyədədir. Halbuki biz atalarımızdan və ulu babalarımızdan daha artıq şeylərə nail olmuşuq.

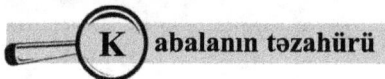 abalanın təzahürü

Elə müasir böhranı da ,hazırda əldə etdiklərimizlə bizim daim artan narazılığımız arasındakı ziddiyyət yaradır. Biz nə qədər eqoist oluruqsa, özümüzü o qədər boşluqda hiss edirik və bununla böhran daha da dərinləşir.

BİRLİYİN ZƏRURƏTİ

Qədim dövrlərdə bütün insanlar daxilən bir-biri ilə bağlı idilər. Biz özümüzü vahid, bərabərhüquqlu insan cəmiyyəti kimi hiss elirdik və təbiət də bizə məhz belə münasibət bəsləyirdi. Bu "kollektiv" varlıq "Adam" adlanır. "Adam" sözü "dome" sözünün törəməsi olub, ivrit dilində "bənzər" - yəni Yaradana bənzər mənasını verir. O isə təkdir, yeganədir. Bununla belə, ilkin birliyə baxmayaraq, eqoizm artdıqca biz tədricən qarşılıqlı əlaqə hisslərini itirdik və bir-birimizdən sürətlə uzaqlaşmağa başladıq. Kabala fəlsəfəsinə dair kitablarda sübut olunur ki, tədiətin ideyasına görə, bizim eqoizmimiz o vaxta qədər artacaq ki, biz bir-birimizə yadlaşmağımızı və bir-birimizə nifrət etdiyimizi başa düşəcəyik. Onun planına görə, biz əvvəlcə ümumi birliyi hiss etməli, sonra isə eqoist və xüsusiyyətçi fərdlərə bölünməliydik. Yaradanın tam əksi olduğumuzu və hədsiz eqoistliyimizi biz məhz bu yolla anlaya bilərdik.

Bundan əlavə, bu, bizim üçün eqoizmin neqativ, bizə məmnunluq gətirməyən, tamamilə çarəsiz olduğunu dərk etdirən yeganə vasitə idi. Artıq deyildiyi kimi, eqoizm insanları ayırır və təbiətdən uzaqlaşdırır, lakin bu vəziyyəti dəyişmək üçün biz əvvəlcədən işin məhz bundan ibarət olduğunu başa düşməliyik. Bunu dərk etməyimiz bizim artıq dəyişmək istəyimizə, bütün insanlarla, təbiətlə - Yaradanla əlaqəni bərpa etmək üçün vasitə tapmağımıza şərait yaradır. Axı biz artıq qeyd etdik ki, istək dəyişikliklərin hərəkətverici mexanizmidir.

Əslində biz eqoizm və altruizm arasında seçim etmirik. Bizə yalnız elə gəlir ki, bizim altruist və yaxud eqoist olmağımız üçün seçim etmək imkanımız var, lakin təbiəti tədqiq edərkən, biz müəyyən edirik ki, altruizm onun əsas qanunudur. Məsələn, bədənin hər bir hüceyrəsi yaranışdan eqoistdir, lakin öz mövcudluğu və bütün orqanizmin rifahı üçün o, öz eqoist meyillərindən imtina etməlidir. Bunun mükafatı olaraq hüceyrə tək öz şəxsi həyatını deyil, bütün orqanizmin həyatını hiss edir.

Biz də öz aramızda belə əlaqələri inkişaf etdirməliyik. O zaman biz birləşməkdə nə qədər çox irəliləyişlərə nail olsaq, öz müvəqqəti, keçici fiziki həyatımızın əvəzinə Adəmin əbədi həyatını daha aydın hiss edəcəyik. Bu gün bizim həyata davam etməyi-

Kabala keçmişdə və indi

Kabalist Yequda Aşlaq yazır ki, Ali nur istəkləri yerinə yetirib, sonra onu tərk edərək, altruizm problemini həll etmək üçün yararlı kli (qab) hazırlayır. Başqa sözlə - əgər biz Yaradanla birliyimizi hiss etmək istəyiriksə, əvvəlcə Onunla bir olmalı, sonra isə bu birliyi itirməliyik. Hər iki vəziyyəti sınaqdan keçirərək, biz şüurlu seçim edə bilərik - əsl birlik şüurlu olmalıdır. Bu prosesi körpənin öz valideynləri ilə bağlılığını hiss etməsi ilə müqayisə etmək olar; yeniyetmə isə artıq onlara qarşı qiyam qaldırır, lakin böyüdükdən sonra hər şeyi başa düşür və özünün tərbiyə olunma üsuluna bəraət qazandırır.

miz üçün altruizm həmişə olduğundan daha çox zəruridir. Artıq görünür ki, biz hamımız bir-birimizlə bağlıyıq və bir-birimizdən asılıylq. Bu asılılıq altruizm anlayışının yenidən və daha dəqiqliklə müəyyən edilməsini şərtləndirir. İnsanların birləşməsinə istiqamətlənən hər hansı bir əməl və ya məram altruist əməl hesab olunur. Əksinə - insanların birləşməsinə deyil, parçalanmasına xidmət edən əməl və niyyət eqoist əməl və niyyətdir.

Belə çıxır ki, insanın təbiətlə qarşıdurması dünyada olan bütün əzabların, iztirabların mənbəyidir. Təbiəti təşkil edən cansız aləm, bitkilər və heyvanlar altruizm qanunlarına instinktiv olaraq əməl edirlər. Yalnız insanın davranışı təbiətin başqa təzahürlərinin və Yaradanın əksinədir. Bundan əlavə, bizi əhatə edən mühitdə biz yalnız insanın iztirablarını müşahidə etmirik. Eyni zamanda təbiətin başqa elementləri də bizim düzgün olmayan əməllərimizə görə əzab çəkirlər. Əgər təbiətin hər bir hissəsi onun qanunlarına instinktiv olaraq əməl edirsə və yalnız insan bu qayda-qanunlara riayət etmirsə, belə çıxır ki, insan - təbiətin yeganə islah olunmamış elementidir. Sadə dildə desək, biz nə vaxt öz eqoizmimizi islah edərək onu altruizmə çevirsək, qalan hər bir şey - ekologiya da, iqtisadiyyat da, ümumiyyətlə, cəmiyyətin bütün problemləri həll olunacaq.

YÜKSƏK HƏSSASLIQ

Altruizm üçün xüsusi mükafatlandırma lazımdır. Elə görünə bilər ki, dəyişiklik başqasının marağını öz şəxsi marağından yüksək tutmaqdır. Hər halda, həqiqətən belə olsa da, bu, daha çox xeyir gətirər. Belə ki, başqalarını fikirləşməyə başlayanda biz onlarla özümüz arasında qarşılıqlı əlaqə yaradırıq.

Gəlin bu problemə belə bir mövqedən baxaq: bu gün dünyanı 8 milyard insan məskunlaşdırır. Təsəvvur edin ki, siz onları idarə etməlisiniz, lakin sizin 2 əliniz, 2 ayağınız və bir beyniniz əvəzinə 15 mlrd. əliniz, 15 mlrd. ayagınız və 8 mlrd. başınız var. Fikirləşirsiniz ki, sizə çətin olacaq? Əslinə qalsa yox, çünki bütün bu əllər bir cüt əl kimi, bütün beyinlər vahid beyin kimi çalışacaq. Bütün bəşəriyyət vahid orqanizm kimi fəaliyyət göstərəcək, onun imkanları da 8 mlrd. dəfə artıq olacaq.

Bir dayanın, biz altruizmin bütün üstünlüklərini hələ tam qeyd etməmişik! Hər kəsin altruist nailiyyətləri əldə edərək Ali insan olması ilə yanaşı, onların hamısına əlavə olaraq həm də arzulanan vergi veriləcək: hər şeyi görmək bacarığı və yaxud ümumi yaddaş, müştərək bilik və s. Bir halda ki, altruizm Yaradanın təbiətidir, bu əlaməti əldə etməklə, biz Onun kimi düşünmə qabiliyyətinə nail olaraq öz təbiətimizi Yaradanın təbiəti ilə uyğunlaşdıracağıq. Biz, hər şeyin nə üçün öz vaxtında baş verdiyi, nəticənin başqa cür olması üçün nə etmək lazımdır və s. problemləri başa düşməyə başlayırıq. Kabala fəlsəfəsində belə oxşar hallar "əlamətlərin uyğunluğu" adlanır və Yaradanın məqsədini ifadə edir.

Elə biz də belə yüksək həssaslıq halı, xüsusiyyətlərə uyğunlaşma səbəbindən yaranmışıq. Buna görə də biz əvvəl vahid formada yaranıb, sonra bölünməni yaşamışıq ki, yenidən birləşək. Birləşmə prosesində biz öyrəndik ki, nəyə görə təbiət başqa cür deyil, belə davranır və biz də onu yaradan Düşüncə kimi müdrük olacağıq.

Biz, təbiətə qovuşaraq, özümüzü onun kimi əbədi və mükəmməl hiss edəcəyik. Bu halda biz, öz mövcudluğumuzun davamını onun əbədiyyətində, hətta cismimiz öldükdən sonra da hiss edəcəyik. Fiziki həyat və ölüm artıq bizə təsir etməyəcək, belə ki, keçmiş eqosentrizmin yerinə xolestik, altruistik dərketmə gələcək. Bizim mövcudluğumuz bütün təbiətin həyatı olacaq.

ZAMAN GƏLDİ...

Bir növ kabala fəlsəfəsinin İncili olan "Zoar" kitabı təqribən 2000 il bundan əvvəl yazılıb. Bu kitabda deyilir ki, XX əsrin sonunda insanların eqoizmi görünməmiş tərzdə yüksək səviyyəyə çatacaq. Biz artıq əvvəl aydınlaşdırdığımız kimi, insanın istəyi nə qədər artırsa, özündə o qədər çox boşluq (boş qab kimi) hiss edir. Beləliklə, XX əsrin sonlarından başlayaraq, bəşəriyyət daha da çox boşluq hiss edir.

"Zoar" kitabında həmçinin deyilir ki, insanlar belə boşluq hiss etməyə başlayanda, vəziyyətdən çıxmaq üçün bir vasitə lazım olacaq ki, yaranmış boşluğu doldursun. Sonra isə, "Zoar" kitabına görə, təbiətin təmsili yolu ilə, boşluğu doldurmağa nail olmaq üçün vasitə kimi bütün bəşəriyyətə kabala fəlsəfəsinin sirlərini açmaq dövrü gələcək.

Boşluğun doldurulması prosesi ani və hamı üçün eyni zamanda baş verməyəcək. İslahın (səhvlərin düzəldilməsi) baş verməsi üçün insan onu arzulamalıdır. Bu proses zamanı bizim iradəmiz inkişaf edir, möhkəmlənir.

İslah olunmaq istəyi, insanın öz eqoist təbiətinin şər mənbəyi olduğunu anladığı andan başlayır. Bu, çox güclü və şəxsi sarsıntıdır və o, insanı dəyişmək istəyinə, eqoizmdən altruizmə keçməyə gətirib çıxarır.

Artıq deyildiyi kimi, Yaradan bizə vahid, ümumi bir varlıq kimi baxır. Biz məqsədimizə eqoizmimizlə nail olmağa cəhd etmişik, lakin bu gün aşkar olunur ki, bütün problemləri yalnız altruizmlə və kollektiv şəkildə həll etmək olar. Biz öz eqoistliyimizi nə qədər güclü dərk etsək, bizdə öz təbiətimizi dəyişmək istəyi də o qədər guclü olacaq. Kabala fəlsəfəsi yarananda biz bunu etmədik, lakin bunu etməyə bu gün imkanımız var və biz dəyişməyə indi ehtiyac duyuruq.

Təkamülün 5000 illik dövründə insanlar həzz almaq üçün müxtəlif üsullardan istifadə edir, sonra onlardan məyus olur və yeni üsullar icad edirdilər. Bir metod digərini əvəz etsə də, bu, insanları xoşbəxt edə bilmirdi. İndi, məqsədi çox yüksək səviyyəli eqoizmi islah etmək olan kabala fəlsəfəsi meydana çıxandan sonra bizim, bizi məyus edən yollarla getməyə ehtiyacımız yoxdur. Biz, kabala fəlsəfəsinin köməyi ilə özümüzdə olan eqoizmi islah edə bilərik və qalan bütün düzəlişlər isə domino effekti kimi ardıcıllıqla gələcək. Bu islah prosesində biz boşluğun dolduğunu, ruh yüksəkliyi və sevinc hiss edəcəyik.

Kabalanın təzahürü

NƏTİCƏLƏR

Kabalanın hikməti (Almaq hikməti) 5000 il əvvəl, insanlar ilk dəfə olaraq öz mövcudluqlarının mənası haqqında sual verməyə başlayanda yarandı. Bunu anlayanlar "kabalist" adlanırdılar və onların həyatın mənasına, insanların kainatdakı roluna dair suallara cavabları var idi.

Bununla belə, o dövrdə bu biliyə olan meyilləri oyatmaq üçün insanların əksəriyyətində istəklər əhəmiyyətsiz dərəcədə az idi. Ona görə də kabalistlər onların müdrüklüyünə ehtiyac olmadığını gördükdə, onu hazırlayıb, hamının qəbul edə biləcəyi vaxtlara kimi gizli saxladılar. Bəşəriyyət bu dövr ərzində öz fəaliyyətinin digər istiqamətlərini - dini və elmi - işləyib hazırladı.

Bu gün daha çox insan əmin olur ki, nə din, nə də elm ən mühüm həyati suallara cavab verə bilmir. Onu izah etmək üçün başqa mənbələrdə axtarışlar başlanır. Kabala fəlsəfəsinin gözlədiyi həmin zaman gəlir və ona görə də məhz indi, bizim mövcudluğumuzun mənası haqqında suala cavab vermək üçün kabala fəlsəfəsi meydana çıxır. Kabala fəlsəfəsi bizi öyrədir ki, təbiət, yaxud Yaradan altruist və yeganədir. O, bizə deyir ki, biz nəinki təbiəti başa düşməliyik, hətta onun mövcudluğu formalarını qəbul edib, özümüzə tətbiq etməliyik.

Kabala fəlsəfəsi həmçinin bizə xəbər verir ki, belə hərəkət edərək biz nəinki təbiətlə vəhdətdə olarıq, həm də onun varlığını müəyyən edən Ümumi İdeyanı başa düşə bilərik. Onda, Ümumi İdeyanı dərk edərək, biz onun Yaradanına bənzər olarıq. Yaradılışın Məqsədi isə elə bundadır - Yaradana bənzər olmaq.

II HİSSƏ.

BÜTÜN İSTƏKLƏRİN ƏN BÖYÜYÜ

Biz kabala fəlsəfəsinin tarixi ilə bir qədər tanış olduqdan sonra, indi əsl vaxtıdır ki, görək onun bizimlə nə əlaqəsi var?! Sizin çoxunuza artıq məlum olduğu kimi, kabala fəlsəfəsini öyrənərkən, müəyyən sayda terminlərdən istifadə olunur. Onların çoxu ivrit, bəziləri isə aramey dilindən gəlib, bəziləri isə yunan dili və digər dillərdən götürülüb. Buna baxmayaraq siz əmin ola bilərsiniz: kabala fəlsəfəsini öyrənməyə başlayanlar da, hətta öyrənməkdə davam edənlər də bu terminlərin az miqdarı ilə kifayətlənə bilərlər. Əgər həmin terminlərlə izah olunan mənəvi vəziyyətdəsinizsə, sizə onların duzgün mənası açılacaq.

Kabala fəlsəfəsi istəklərdən və onların təmin edilməsindən bəhs edir. O, insan ruhunu və onun mənəvi toxumdan Həyat Ağacı səviyyəsinə qədər olan inkişaf yolunu öyrənir. Siz qədim müdrikliyin məğzini mənimsəyən kimi qalan bütün bilikləri öz ürəyinizdə tapacaqsınız.

TƏKAN - İNKİŞAFIN ƏSASIDIR

Gəlin əvvəlki hissədə qaldığımız yerdən başlayaq. Orada biz demişdik ki, gələcək o vaxt gözəl ola bilər ki, biz öz eqoizmimizin əksinə hərəkət etməyi öyrənək - başqa insanlarla birləşərək, vahid mənəvi orqanizm yaradaq. Biz həm də öyrəndik ki, qarşıya qoyulan məqsədə çatmaq üçün vasitə olan kabala fəlsəfəsi kimi mükəmməl bir metod mövcuddur.

Əgər ətrafımıza baxsaq, aydın görmək olar ki, biz pozitiv gələcəyə istiqamət götürməmişik. Dünyada çox ciddi böhran yetişir. Biz onun neqativ nəticələrini hələlik öz üzərimizdə hiss etməsək də, heç bir zəmanət yoxdur ki, bu, gələcəkdə də baş verməyəcək. Görünür, elə bir sahə yoxdur ki, orada böhran özünü büruzə verməsin: istər bizim şəxsi həyatımızda, yaşadığımız cəmiyyətdə və yaxud ətraf muhitdə. Vacib deyil ki, böhranlar özlüyündə həmişə neqativ hadisə olsun. Onlar sadəcə olaraq göstərir ki, mövcud olan qaydalar öz dövrünü yaşadı, sona gəlib çatdı və irəli, inkişafın yeni, növbəti pilləsinə doğru hərəkət etmək vaxtı gəldi.

Demokratiya, sənaye inqilabı, qadınların hüquq bərabərliyi - bütün bunlar həyatın müxtəlif sahələrində özünü göstərən böhranın nəticələridir. Əslində, indi mövcud olan hər bir şey köhnəlmiş, öz dövrünü yaşayıb getmiş sistemin nəticələridir.

Bugünkü böhran əslində əvvəlkilərdən fərqlənmir, lakin o, daha böyük gərginliklə səciyyələnir və bütün dünyaya təsir edir. Hər bir böhran kimi, o da dəyişikliklər üçün imkan yaradır - inkişafa təkan verir. Əgər biz düzgün seçim etsək, çətinliklər sadəcə aradan qalxacaq, yox olacaq.

Biz bütün Yer kürəsinin əhalisini qida məhsulları, su və mənzillə asanlıqla təmin edə bilərdik. Yer üzündə sülh yaratmaqla onu çiçəklənən və yaşamaq üçün əlverişli planet etmək bizim əlimizdədir, lakin bunun baş tutması üçün biz təbiətin bizdən gözlədiyi şəkildə hərəkət və seçim etməyi arzulamalıyıq: müasir dövrdə seçilmiş parçalanma əvəzinə, birliyi, vəhdəti seçməliyik.

Bəs nə baş verir? Məgər biz birləşmək istəmirik? Bizim yadlaşmağımızın səbəbi nədir? Bizim tərəqqimiz nə qədər inandırıcıdırsa, nə qədər çox bilik əldə ediriksə, həyatdan narazılığımız özünü o qədər aydın büruzə verir.

Kabalanın təzahürü

Biz kosmik gəmilər və molekulyar ölçüdə robotlar yaratmağı öyrənmişik. Biz insan genlərinin kodlarını açırıq. Bəs nəyə görə biz xoşbəxt yaşamağı hələ də öyrənməmişik? Kabala fəlsəfəsinin dərinliklərinə baş vurduqca biz daha da çox əmin olacağıq ki, o bizi həyatın məğzini öyrənməyə doğru aparır. Sizə hər hansı bir cavabı verməzdən əvvəl o, sizin nə üçün bu və digər vəziyyətə düşməyiniz haqqında danışacaq. Baş verənlərin səbəbini aydınlaşdırandan sonra siz, çətin ki, sonrakı göztərişlərə ehtiyac hiss edəcəksiniz. Gəlin baxaq: bu günə qədər biz bu mövqedən nələri öyrənmişik? O zaman, ola bilər ki, bizə aydın olar - Nə üçün biz indiyə kimi xoşbəxtliyə gedən yolu tapmamışıq?

BAĞLI QAPILAR ARXASINDA

Kifayət qədər təhsil almamış və yaxud pis təhsil almış insan - yer üzərində mövcud olan canlı məxluqların ən vəhşisidir.

Platon, "Qanunlar", VI kitab

Bilik həmişə var-dövlət, sərvət hesab olunub. Casusluq müasir dövrün icadı deyil. O, lap qədimlərdən də mövcud idi. Onun əsasında mütləq informasiyanın, məlumatların dəyərli olması dururdu, lakin sual odur ki, bu məlumatları kimə etibar etmək olardı?

Keçmişdə müdriklər "bilik sahibləri" adlanırdılar. Onların sahib olduqları biliklər təbiət qanunlarına aid idi. Müdriklər ehtiyat edərək öz biliklərini gizlədirdilər ki, bu məlumatlar ləyaqətsiz və naşı insanların əlinə düşməsin.

Necə müəyyən etmək olar ki, kimlər bu biliklərə sahib olmağa layiqdirlər? Fərz edək ki, məndə hər hansı xüsusi, vacib məlumat var. Mənim onu gizlətməyə haqqım varmı? Təbii ki, heç kəs bununla razılaşmaz ki, o, bilik sahibi olmağa layiq deyil. Məhz buna görə də biz lazım olan məlumatları "oğurlamağa" hazırıq, lakin vəziyyət həmişə belə olmayıb. Uzun illər bundan əvvəl, eqoizm özünün ən yüksək səviyyəsinə çatana qədər insanlar cəmiyyətin maraqlarını öz şəxsi mənafelərindən üstün tuturdular. Onlar təbiətlə və bəşəriyyətlə öz əlaqələrini hiss edirdilər, özlərinə qapanmırdılar. Həyata belə münasibət onlar üçün təbii idi.

Bu gün bizim təsəvvürlərimiz kökündən dəyişmişdir. Biz hər şeyi bilməyə və öz ağlımızla hərəkət edəcəyimizə haqqımız olduğundan əminik. Bizim eqoizmimizin indiki səviyyəsinə uyğun olan düşünülməmiş təsisatlar belədir. Əslində isə bəşəriyyət istəklərin dördüncü inkişaf səviyyəsinə çatana qədər alimər öz müdrikliklərini şan-şöhrət və hakimiyyət kimi maddi nemətlərə dəyişərək, onunla alver etməyə başladılar. Belə ki, dünyanın maddi nemətlərinə olan nəfs artdıqca insanlar təbii həyat tərzindən həvəslə imtina etməyə başladılar və öz qüvvələrini təbiəti tədqiq etməyə istiqamətləndirdilər. Elə o vaxtdan bu yalançı müdriklər öz biliklərini dünyəvi həzzləri əldə etməyə yönəltdilər.

Bu gün texniki tərəqqi və şəxsiyyətin dayanmadan artan eqoizmi ona gətirib çıxardı ki, biliklərdən sui-istifadə etmək hamı tərəfindən qəbul edilmiş normaya çevrildi, lakin texnologiyalar nə qədər çox inkişaf edirsə, insanlar özlərinə və ətraf mühitə o qədər çox təhlükə yaradırlar.

Biz nə qədər qüdrətli oluruqca, öz istəyimizə çatmaq naminə öz hakimiyyətimizdən istifadə etmək nəfsi də o qədər güclü olur.

Yuxarıda deyildiyi kimi, malik olmaq istəyinin intensivliyinin dörd mərhələsi var. O nə qədər güclüdürsə, əxlaqımız və cəmiyyət bir o qədər tənəzzülə uğrayır. Beləliklə, təəccüblü deyil ki, dünya böhran vəziyyətinə düşür. Bizə aydın olur ki, müdriklər nə üçün öz biliklərini gizlədirdilər və nəyə görə indi insanların atran eqoizmi bizi əvvəllər gizli saxlanan elmin meydana çıxarılmasına vadar edir.

Əgər biz özümüzü dəyişməsək, bizə nə bilik, nə də tərəqqi kömək etməyəcək. Onlar əvvəlkindən daha çox ziyan verməyə qadirdirlərƏgər daha parlaq gələcək istəyiriksə, bizə ancaq bir şey lazımdır - özünü dəyişmək!

İSTƏKLƏRİN TƏKAMÜLÜ

İnsan təbiətinin eqoist olduğunu təsdiq etmək, çətin ki, sensasiya olar. Bir halda ki, biz hamımız, istisnasız olaraq, əvvəlcədən eqoistik, onda bildiklərimizdən sui-istifadə etməyə meyilliyimiz var. Bu, əsla o demək deyildir ki, biz hökmən cinayət törədəcəyik. Bu, özünü tamamilə əhəmiyyətsiz şeylərdə büruzə verə bilər, məsələn, layiq olmadan vəzifə pillələri ilə yüksəlmək və yaxud sevənlər arasında öz mənfəəti üçün nifaq salmaq.

Həqiqətən də, insanın öz təbiətinə görə eqoist olması yenilik olmasa da, hər kəsin öz eqoizmini dərk etməsi yenilik ola bilər. İlk dəfə öz eqoizmini dərk edən insan ağrılı ayılma hissi keçirir.

Bizim almaq istəyimizin daim artmasının səbəbinin gözəl izahı var və biz çox tez bir zamanda bu suala qayıdacağıq. İndi isə gəlin öz diqqətimizi bilik alma prosesinin inkişafında cəmləşdirək.

Yeni istək əmələ gələrkən yeni ehtiyaclar yaranır. Biz bu istəkdən məmnun olmaq yollarını axta-

Bütün istəklərin ən böyüyü

İstəklərin təkamülünün birinci səviyyəsi insanın yemək, cinsi əlaqə, ailə və yaşamaq üçün ev kimi fizioloji ehtiyacları ilə əlaqədardır. Bu primitiv istəklər bütün canlı varlıqlara xasdır.

Birinci səviyyədəki istəklərdən başqa, bütün qalan istəklər ancaq insana aiddir və onun insan cəmiyyətinə mənsubiyyəti ilə şərtlənir. İkinci səviyyə var-dövlət istəyi, üçüncü səviyyə - şan-şöhrət, hörmət və hakimiyyət istəyi, dördüncü səviyyə isə bilik, öyrənmək istəyi ilə əlaqədardır.

rarkən öz şüurumuzu inkişaf etdiririk. Başqa sözlə, təkamül - həzz almağa istiqamətlənmiş istəyin artmasının nəticəsidir.

Əgər insanlığın tarixinə nəzər salsaq, aydın olar ki, istəklərin təkamülü nözteyi-nəzərindən hər bir ideya, kəşf və ixtira bu artan tələbatlarla şərtlənirdi.

Xoşbəxtlik və bədbəxtlik, həzzalma və iztirab çəkmək bizim tələbatlarımızın təmin olunması səviyyəsindən asılıdır. Məmnunluğa nail olmaq üçün səy göstərilməlidir. Əslində istək bizi o dərəcədə idarə edir ki, kabalist Yequda Aşlaqın dediyi kimi, "Özünə heç bir faydası olmasa, heç kəs motivasiya olmadan barmağını da tərpətməzdi..." Üstəlik də, "məsələn, əgər insan əlini kürsünün dirsəkaltısından masanın üzərinə qoyarsa, bu ona görə baş verir ki, o, bu yerdəyişmədən daha çox həzz alır. Əgər o, belə zənn etməsəydi, onun əli ömrünün axırına qədər dirsəkaltının üstündə qalardı".

Kabalanın təzahürü

Əvvəlki hissədə biz eqoizmi "tələ" adlandırdıq. Başqa sözlə, həzzalmanın gücü istəyin gücündən asılıdır. Doyduqca, istək da mütənasib olaraq azalır. Beləliklə, arzu yox olanda - həzzalma da yox olur. Belə çıxır ki, nədənsə həzz almaq üçün, biz nəinki bunu arzu etməliyik, həm də öz istəyimizi qoruyub saxlamalıyıq, əks halda həzzalma tədricən sönəcək, keçib gedəcək.

Bundan əlavə, həzzalma istəyin obyektində deyil, həzzalma həsrətində olanın özündə olur. Məsələn, əgər mən tuna balığınını yeməyi çox istəyirəmsə, ona görə ağlımı itirirəmsə, bu o demək deyil ki, tuna balığı özündə həzzalma istəyini qoruyub saxlayır, sadəcə olaraq, həzzalma tuna balığı "forma"sında məndə mövcuddur.

İstənilən tuna balığından soruşun: o, öz vücudundan həzz alırmı? Şübhə edirəm ki, o, təsdiqləyici cavab versin. Mən balıqdan kobudcasına soruşa bilərdim: "Sən niyə zövq almırsan? Axı mən səndən bir parça dişləyib yeyəndə bu, çox dadlı olur... Sənin ətrafında isə tonlarla tuna balığı üzür. Sənin yerində olsaydım, xoşbəxtlikdən göyün yeddinci qatında olardım".

Əlbəttə, biz hamımız bilirik ki, reallıqda belə dialoq mümkün deyil, həm də yalnız ona görə yox ki, tuna balığı insan kimi danışa bilmir. Biz instinktiv olaraq hiss edirik ki, balığın dadı insanlara böyük zövq versə də, o, öz vücudundan zövq ala bilməz.

Tuna balığının dadından həzzalma hissi haradan yaranır? Bizdə bu istək var. Balıqların öz bədənlərindən həzz almadıqlarının səbəbi odur ki, onların belə istəyi yoxdur. Müəyyən edilmiş obyektdən konkret zövq almaq istəyi "kli" - "qab" və yaxud "alət", qabın içinə qoyulan isə "or" - "nur" adlanır. "Or" və "kli" konsepsiyası kabala fəlsəfəsinin ən vacib qaydasıdır. Siz nə vaxt Yaradan üçün "kli"-"qab" yarada bilərsinizsə, onda Onun nurunu ala bilərsiniz.

İSTƏKLƏRİN İDARƏ OLUNMASI

Qeyd etdiyimiz kimi, istəklər tərəqqiyə həyat verir, baxaq görək, bəşəriyyətin tarixi boyu biz onları necə idarə etmişik. Əksər hallarda biz istəklərimizlə iki üsulla davranmışıq:
1. onları vərdişə çevirərək, "tərbiyə edərək" və yaxud gündəlik həyata uyğunlaşdırmaqla;
2. onları məhdudlaşdıraraq və yaxud susduraraq özündə boğmaqla.

Dinlərin çoxu hər bir əmələ görə mükafat vəd edərək, birinci üsuldan istifadə edir və bizi yaxşı işlər görməyə həvəsləndirərək bizim "xeyirxah əməllərimizi" pozitiv reaksiya ilə möhkəmləndirirlər. Böyüdükcə, biz daha "mükafat" almırıq, lakin şüurumuzda qalır ki, "xeyirxah işlər" mükafatlandırılır. Biz nəyə vərdiş ediriksə, o, bizim ikinci təbiətimiz olur. Biz təbii yolla davranaraq, bundan məmnun qalırıq.

Bütün istəklərin ən böyüyü

İstəklərin idarə olunmasının ikinci üsulu - onları məhdudlaşdırmaq, əsasən şərq təlimlərində istifadə olunur. Bu yanaşma sadə qaydalara əsaslanır: nəyi isə istəyib, onu əldə etməməkdənsə, yaxşı olar ki, heç arzu etməyəsən.

Uzun illər elə görünürdü ki, ancaq bu iki metodika ilə kifayətlənmək olar. Baxmayaraq ki, biz heç vaxt öz arzuladığımızı (qaydaya görə: arzuladığını əldə etdikdən sonra onu arzulamaq fikrindən daşınırsan) əldə etmirik. Həzzalma istəyinin arxası ilə qaçmaq özlüyündə məmnuniyyət gətirir. Elə ki, biz növbəti dəfə nəyi isə istəyirik, inanırıq ki, bu dəfə bizim istəyimiz mütləq yerinə yetəcək. Bizim istəklərimiz tükənənə qədər ümidimizi kəsmirik. Ümid olan yerdə isə, hətta arzular yerinə yetməsə də, həmişə həyat var.

Bununla belə istəklər artır. Yerinə yetməyən istəklər - gözlənildiyi kimi, içi dolmayan boş "kli"lər getdikcə daha az məmnunluq gətirir. O zaman hər iki üsul - istəklərin tərbiyə və ixtisar olunması - ciddi sınaqlarla qarşılaşır. Öz istəklərimizi, nəfsimizi cilovlamağa imkan tapmayanda, bizim onları təmin etməkdən başqa yolumuz qalmır. Bu halda biz ya əvvəl göstərdiyimiz fəaliyyət üsulundan imtina edirik, ya da onu axtarışların yeni istiqamətləri ilə uyğunlaşdırırıq.

YENİ İSTƏKLƏRİN YARANMASI

Gəlin almaq istəyinin dörd mərhələsini yada salaq:
a) qidaya, nəslin davamına və ailəyə olan fizioloji ehtiyac;
b) var-dövlət ehtirası ;
c) hakimiyyətə və şöhrətə meyl etmək (hərdən iki müxtəlif qruplara ayrılır);
e) bilik ehtirası.

Bu dörd mərhələ iki qrupa bölünür: heyvani istəklər (birinci səviyyə), bütün canlı varlıqlara və insanlara xas olan insani istəklər (ikinci, üçüncü, dördüncü səviyyələr). İstəklərin son qrupu bizi hazırda tutduğumuz mövqeyə gətirdi.

Beləliklə, bu gün insanda istəklərin təkamül zəncirində almağa istiqamətlənmiş yeni, beşinci istək oyanır. Əvvəlki hissədə deyildiyi kimi, "Zoar" kita-

Bütün istəklərin ən böyüyü

bı onun XX əsrin sonlarında meydana çıxacağı haqqında əvvəlcədən xəbər verirdi.

Bu yeni istək arzular sırasında olanlardan sadəcə biri deyil, ondan əvvəlki bütün istək səviyyələrinin kulminasiyasını təmsil edir. O, nəinki ən qüclü istəkdir, hətta onu başqa istəklərdən fərqləndirən nadir əlamətlərə malikdir.

İstəklərin ilk dörd səviyyəsini kabalistlər "ürək" adlandırırdılar. Tələbatların beşinci səviyyəsi isə prinsiplərinə görə tamamilə fərqlənir. O, həzzalmanın maddi deyil, yalnız mənəvi xüsusiyyətlərini nəzərdə tutur. Bu istəyin oyanışı tale tərəfindən hər bir insanın alnına yazılmış ruhi inkişafın başlanğıcından xəbər verir. Bu səbəbdən kabalistlər onu "ürəkdə nöqtə" adlandırırlar.

YENİ İSTƏYİN REALLAŞDIRILMASI METODU

"**Ü**rəkdə nöqtə" yarananda insan tədricən dünyəvi həzzlər almaq istəyindən (cinsi əlaqə, pul, hakimiyyət və bilik) ruhən həzz almaq axtarışına keçir. Bir halda ki, həzzalmanın bu növü yenidir, onda ona nail olmağın yeni üsulunu da əldə etmək vacibdir. Yeni istəyin təmin olunması metodu "kabala elmi" (necə almaq elmi) adlanır.

Bu yeni metodu başa düşmək üçün aydınlaşdırmaq lazımdır ki, məqsədi ruhaniyyətə can atmağı həyata keçirmək olan kabala fəlsəfəsi ilə başqa istəklərin həyata keçirilməsi metodikaları arasındakı fərq nədən ibarətdir?! Biz, bir qayda olaraq, asan müəyyən olunan istəkləri "adi" istəklər adlandırırq. Mən aclıq hiss edəndə yemək axtarıram, hörmət bəsləmək istəyi ilə - mənə hörmət bəsləmələri üçün, fikrimcə, elə edirəm ki, insanlar mənə ehti-

Bütün istəklərin ən böyüyü

ram göstərməyə məcbur olsunlar. Lakin mən ruhaniyyətin nə olduğunu dəqiq bilmədən, onu əldə etmək üçün nə edəcəyimi necə öyrənim? Axı biz həqiqətən də əvvəlcə Yaradanı axtarmaq arzusunda olduğumuzu dərk etmirik. Hətta başa düşmürük ki, bu axtarış üçün bizə yeni metod lazım olacaq. Bu istək bizim üçün o qədər də adi olmadığından, bizə aydın deyil. Məhz buna görə də onu təsvir etmək və ondan məmnun olmaq metodu "gizli elm" adlanıb. Biz nə qədər ki, qida, cəmiyyətdə xüsusi yer, maksimum bilik istəyirdik, bizim "gizli müdrikliyə" ehtiyacımız yox idi, buna görə də o, olduğu kimi gizlin qalmışdı, lakin bu müdrikliyin gizli qalması faktı ona ehtiyacın olmaması demək deyildir. Əksinə, beş min il müddətində kabalistlər öz elmlərini, "vaxt gələcək, kiməsə lazım olacaq" fikri ilə inkişaf etdirir və təkmilləşdirir, getdikcə daha da asan başa düşülən kitablar yazırdılar ki, kabala fəlsəfəsinin qavranılmasını daha aydın və əlçatan etsinlər. Onlar bilirdilər ki, gələcəkdə bütün bəşəriyyətin bu elmə ehtiyacı olacaq. Onların ehtimalına görə, bunu istəklərin beşinci səviyyəsi meydana çıxandan sonra gözləmək lazım idi. İndi biz artıq həmin dövrə gəlib çatmışıq və buna görə də kabala fəlsəfəsinə ehtiyac duyuruq.

Bu elmin dili ilə desək, həzz almaq üçün ona uyğun "kli", konkret həzz almaq üçün isə müəyyən olunmuş dəqiq istək olmalıdır. "Kli"nin yaranması

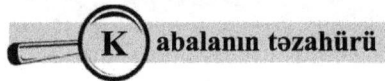

bizi, beynimizi nurla ("or") doldurmaq üçün üsul axtarıb tapmağa sövq edir. İndi bizim çoxumuzun "ürəyində nöqtə" dilləndikcə, kabala fəlsəfəsinin müdrikliyi bizim ruhən yüksəlmək üçün olan cəhdimizin reallaşması üçün bir vasitədir.

TİKUN - EQOİST İSTƏYİN İSLAH OLUNMASI

Biz artıq demişdik ki, eqoist istəyi "tələ" adlandırmaq olar: istədiyimi əldə edən kimi, mən həmin an onu arzulamaqdan əl çəkirəm, arzulamadığım şeydən isə həzz ala bilmərəm.

Ruhaniyyətə cəhd etməyin özünün mənşəcə bu prosesə köklənmiş və eqoist istəyin tələsindən qaçmağa imkan yaradan nadir mexanizmi var. Bu mexanizm "tikun" - "islaholunma" adlanır. Hər şeydən əvvəl, beşinci mərhələdə istək düzgün istifadə olunub zövq verərək, islaholunma kimi "qeyd edilməlidir".

Tikunun prinsipini başa düşmək kabala fəlsəfəsi haqqında olan çoxsaylı yanlış anlamalardan qurtulmağa kömək edəcək. Sahib olmaq ehtirası insanlığın tarixində hər bir proqressiv dəyişikliyin və tərəqqinin arxasında duran hərəkətverici qüvvə idi və həmişə öz şəxsi istəklərini təmin etmək üçün həzz almağı nəzərdə tuturdu. Həzz almaq istəyi heç bir pis məna daşımır, lakin onun öz şəxsi arzularını təmin etmək üçün nəzərdə tutulan niyyəti bizi təbiətə, Yaradana qarşı qoyur. Beləliklə, biz özümüz üçün əldə etmək (almaq) istəyərkən Yaradandan ayrılırıq. Elə bizim qüsurumuzun, bədbəxtliyimizin və narazılığımızın səbəbi də bundadır.

Tikun, biz almaq istəyindən əl çəkəndə deyil, ancaq almaq motivini, yəni öz niyyətimizi dəyişəndə baş verir. Özü üçün almaq istəyi eqoizm adlanır. Biz Yaradanla birləşmək üçün "aldıqda', yaranan istəyimiz - altruizm , yəni təbiətə qovuşmaq adlanır.

Bir neçə ay ərzində eyni yeməyi yemək sizə zövq verə bilərmi? Böyük ehtimal ki, yox. Bununla belə, biz uşaqlar üçün seçim haqqı qoymayaraq, onlardan məhz bunu tələb edirik. Onlar isə ancaq o səbəbdən razı olurlar ki, hələlik başqa bir yemək növü tanımırlar. Onda belə demək olar ki, yəqin körpə yemək yeyərkən yalnız mədəsi dolduğuna görə həzz alır.

İndi isə körpənin anasını təsəvvür edin. Görün onun üzü uşağına süd verəndə necə nurlanır?! Ana ona görə xoşbəxtdir ki, körpənin necə məmnuniyyətlə yediyini müşahidə edir. Ən başlıcası, körpə məmnunluğunu hiss edir, ana isə balası məmnun olduğu üçün sevinir.

Nə baş verir? Anası kimi, körpə də öz qida almaq istəyindən zövq alır, lakin uşaq diqqətini öz mədəsində cəmlədiyi halda, ananın zövqalması hüdudsuzdur - o xoşbəxtdir ki, körpəsinə nə isə verə bilir. Onun fikri özünə deyil, körpəsinə - almaq istəyinə deyil, vermək istəyinə cəmlənib. Həmin fikri təbiət haqqında da demək olar. Əgər biz təbiətin istəyini bilib, onu yerinə yetirsəydik, onda vermək istəyindən həzz ala bilərdik. Üstəlik biz bunu ananın öz uşağına olan münasibəti kimi, instinktiv halda deyil, yalnız bizim təbiətlə olan əlaqəmizin ruhi səviyyəsində hiss edərdik.

Kabala fəlsəfəsinin qədim dilində - ivrit dilində "niyyət" "kavana" adlanır. Beləliklə, "tikun"u həyata keçirmək üçün biz istəklərimizi düzgün "kavana" ilə təmin etməliyik. "Tikun"a görə mükafat və "kavananın" mövcudluğu istəklərin sonuncusunun, ən möhtəşəminin - ruhaniyyətə, Yaradana can atmanın həyata keçməsi olacaqdır. Bu istəyə çatanda insan reallığı idarə edən sistemi dərk edir, onun yaradılmasında iştirak edir və son nəticədə açarı əldə edərək, sürücünün yerini tutur. Belə şəxsiyyət artıq bizim kimi həyat və ölüm hallarını yaşamır, Yaradana qovuşaraq, xoşbəxtlik içində, səadətin sonsuz axınında sevinclə əbədiyyətə qovuşur.

NƏTİCƏLƏR

İstəklər 3 qrupa bölünür və onların 5 səviyyəsi mövcuddur. Birinci qrupa heyvani istəklər (yemək, nəsil artırmaq və ailə-yuva), ikinci qrupa insani istəklər (pul, şan-şöhrət, ehtiram, hörmət, bilik və s.), üçüncü qrupa ruhi istəklər (ürəkdə nöqtə) aiddir.

İlk iki qrup aktiv olana kimi, biz bu və yaxud başqa üsulla öz istəklərimizi tərbiyələndirməklə kifayətlənir və yaxud onları özümüzdə boğurduq.

"Ürəkdə nöqtə" yaranan kimi, ilk iki yol səmərəsiz olur və yeni yollar axtarmağa ehtiyac yaranır. Məhz bu zaman neçə min il gizli saxlanılan və ona ehtiyacın yaranacağı anı gözləyən kabala fəlsəfəsi özü haqqında yenidən bəyan edir.

Kabala fəlsəfəsinin hikməti bizim islah olunmağımız - "tikun" üçün bir vasitədir. Ondan istifadə edərək biz öz niyyətimizi ("kavana") eqoizmimizə imkan vermək istəyindən, altruizm kimi müəyyən edilən istəyə - bütün varlıqlara və Yaradana sevinc bəxş etmək istəyinə dəyişə bilərik.

Bu gün bizim keçirdiyimiz qlobal böhran əslində istəklərin böhranıdır. Əgər biz kabalanın hikmətini bütün istəklərin ən möhtəşəmi olan sonuncu istəyə - ruhaniyyətə istiqamətlənmək üçün istifadə etsək, bütün problemlər avtomatik olaraq həll olunar. Belə ki, bu problemlərin mənbəyi insanların çoxunun duyduğu ruhi məmnuniyyətsizlikdir.

III HİSSƏ.

YARADILIŞIN MƏNBƏLƏRİ

Yaradılışın mənbələri

Bu gün biz kabala fəlsəfəsinin öyrənilməsinə real ehtiyac duyulmasını, onun labüdlüyünü müəyyən edəndən sonra bu müdrikliyin əsaslarını öyrənmək vaxtı gəlib çatmışdır. Bu kitabın formatının Ali aləmləri təfərrüatı ilə tədqiq etməyə imkan vermədiyinə baxmayaraq, əgər siz kabala fəlsəfəsini daha da dərindən öyrənmək istəsəniz, bu hissənin sonunda kifayət qədər möhkəm, əsaslı biliklər əldə edə bilərsiniz.

Bir neçə söz də sxemlər haqqında demək lazımdır: kabala fəlsəfəsinə aid olan kitablarda çoxlu sayda sxemlər olur və bu, həmişə belə olub. Bu sxemlər ruhi halları və quruluşları təsəvvür etməyə kömək edir. Hələ qədim zamanlardan kabalistlər onlardan öz ruhi anlamlarının inkişafını, daxili hisslərini izah etmək üçün bir vasitə kimi istifadə edirdilər. Bununla bərabər, bu sxemlərin qeyri-maddi obyektlərin təsviri olduğunu yadda saxlamaq çox vacibdir. Onlar ancaq insanın Yaradanla və təbiətlə olan üstüörtülü münasibətlərini izah etmək üçün istifadə olunan sxemlərdir.

RUHİ ALƏMLƏR

Yaradılanın həzz almaq istəyinin inkişafı 4 mərhələdən keçmişdir. Onlardan sonuncusu məhz "məxluqdur" (şəkil 1). İstəklərin təkamülünün belə matriks quruluşu bütün varlığın əsasını təşkil edir.

Şəkil 1-də yaradılış aktı təsvir olunur. Əgər biz yaradılışa bir proses kimi baxsaq, bu sxem həmin prosesin bizim yaddaşımızda həkk olunmasına kömək edər.

Sxemdə hansısa məkan və obyektlər deyil, emosional və ruhi hallar təsvir olunur.

Yaratmağa başlamazdan əvvəl, hər şeyi fikirləşmək və planlaşdırmaq lazımdır. Biz burada Məxluq və onun yaradılışına təşviq edən səbəblər haqqında danışırıq. Biz onu "Yaradılış Niyyəti" adlandırırıq.

Birinci hissədə biz xatırladıq ki, qədim dövrlərdə təbiət qarşısında olan qorxu hissi, insanları özləri və bütün bəşəriyyət üçün bu hissin hərəkətverici qüvvəsini axtarıb tapmağa vadar edirdi.

Yaradılışın mənbələri

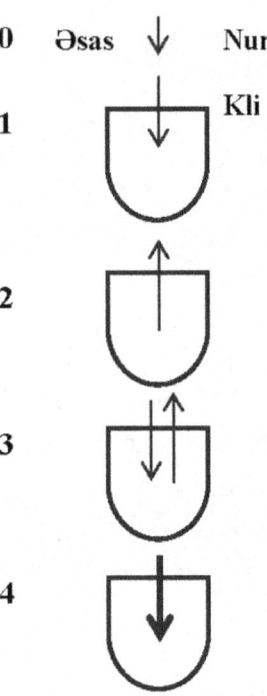

Şəkil 1.

Almaq istəyinin inkişafının beş mərhələsi.
Aşağıya doğru istiqamətlənmiş oxlar Yaradanın daxil olan nurunu ifadə edir. Yuxarıya doğru istiqamətlənmiş oxlar Məxluqun Yaradanı razı salmaq istəyini ifadə edir.

Kabalanın təzahürü

Müşahidələr nəticəsində onlar aşkar etdilər ki, təbiət bizim üçün həzzalmanı planlaşdırıb, lakin söhbət bizim yalnız bu dünyada hiss edə biləcəyimiz hər hansı bir həzzalmadan getmir. Təbiət (əslində Yaradan anlayışına daxil etdiyimiz materiya) istəyir ki, biz tamamilə xüsusi növ həzzalma hissindən - Ona (Yaradana) bənzərlikdən həzz alaq.

Ona görə də siz şəkil 1-ə baxanda görəcəksiniz ki, Yaradılış Niyyəti bütün yaradılanlara bəxş edilən, "nur" adlanan həzzvermə istəyidir. Bu isə bütün yaradılışın mənbəyi, bizim ümumi başlanğıcımızdır. Kabalistlər həzzalma istəyini -"nuru" təsvir etmək üçün "kli" - *(qab)* terminindən istifadə edirlər. Beləliklə, başa düşmək olar ki, nə üçün onlar kabala fəlsəfəsini *almaq (qəbul etmək)* elmi adlandırırlar. Həmçinin onların istəyi *nur* adlandırmaq üçün böyük səbəbləri var idi. Yaradanı hiss edən Məxluq nurlanmağa, yəni işıq saçmağa bənzər böyük hikməti duyur, sanki işıq görür.

Bu baş verəndə aydın olur ki, aşkar olunmuş müdriklik, həmişə burada, lakin gizli vəziyyətdə olub. Beləliklə, gecənin zülməti gündüzün nuru ilə əvəz olunur və görünməyən görünənə çevrilir. Bir halda ki, nur bilik gətirir, kabalistlər onu *müdriklik işığı,* onu almaq üsulunu isə *kabalanın müdrikliyi* adlandırırlar.

Yaradılışın mənbələri

DÖRD ƏSAS MƏRHƏLƏ

Gəlin öz tariximizə qayıdaq. Yaradan özünün həzzalma bəxş etmək ideyasını təcrübədə reallaşdırmaq üçün elə məxluq nəzərdə tuturdu ki, o, Yaradana bənzər olmaqla yanaşı, tamamilə müəyyən olunmuş həzzalma istəyində olsun. Əgər sizin övladlarınız varsa, sizə valideynlik hissi tanışdır. "Sizin oğlunuz sizə bənzəyir, elə bil sizin özünüzsünüz" sözü kimi ataya xoş gələn başqa bir söz varmı?

İndicə deyildiyi kimi, Yaradanın Niyyəti - məxluqa həzzalma bəxş etməkdir. Bu isə həyatın mənbəyi, başlanğıcı deməkdir. Bu səbəbdən Yaradılış Niyyəti "başlanğıc mərhələ" və yaxud "sıfır mərhələ", həzz almaq istəyi isə - "birinci mərhələ" adlanır.

Kabalistlər həmçinin Yaradanı "vermək istəyi", Məxluqu isə "həzzalma istəyi", yaxud sadəcə olaraq "almaq istəyi" adlandırırlar. Daha sonra biz Yaradanı qavramağımız haqqında söhbətimizi davam etdirəcəyik. Hazırda onu başa düşmək çox vacibdir ki, kabalistlər həmişə nəyi necə dərk etdiklərini bizə söyləyiblər. Onlar Yaradanın vermək istəyinə malik olduğunu təsdiqləmirlər, lakin deyirlər ki, onların təsəvvürünə görə, Yaradanın vermək istəyi var və ona görə də onlar Yaradanı "Vermək istəyi" adlandırırlar.

Beləliklə, həzz almaq yanğısı Məxluqun əsas mahiyyətidir. Məxluq almaq istəyinin Yaradan tərəfindən gəldiyini hiss etdikcə, başa düşür ki, əsl həzzalma verməkdədir, almaqda deyil. Nəticədə almaq istəyi vermək istəyinə çevrilir (yuxarıda göstərilən ikinci qabdan - "kli"dən istiqamətlənən oxa baxın). Bu, tam yeni səviyyə olan ikinci mərhələdir.

Gəlin bu səviyyənin nə ilə fərqləndiyini araşdıraq. Əgər

Qeyd edək ki, sıfır səviyyəsi oxla aşağı istiqamətdə göstərilib. Siz harada aşağı istiqamətlənmiş ox görürsünüzsə o, Yaradandan aşağı - Məxluqa tərəf enən nuru (işığı) göstərir, lakin heç vaxt geri qayıtmaq qaydası yoxdur: əgər ox yuxarı istiqamətlənibsə, bu, o demək deyil ki, Məxluq Yaradana işıq verir. Bu ancaq Məxluqun Yaradana ona bəxş olunmuş işığı geri gaytardığını göstərir. Bəs hər iki ox əks istiqamətdə olanda nə baş verir? Oxumağa davam edin və tezliklə nə olduğunu başa düşəcəksiniz.

biz "kli"nin özünə baxsaq, görərik ki, o, səviyyədən səviyyəyə dəyişmir. Bu onu göstərir ki, almaq istəyi əvvəlki kimi aktivdir. Bir halda ki, istək Yaradanın ideyasna görə yaradılmışdır, deməli, o, daimi və əbədidir.

Beləliklə, ikinci səviyyəyə almaqdan deyil, verməkdən həzz almaq istəyi uyğundur - bu, prinsipialdır, dəyişmir. Fərq ondadır ki, ikinci səviyyə elə bir başqa varlığın mövcudluğunu nəzərdə tutur ki, ona vermək olsun. Başqa sözlə - verənin özündən başqa kiminləsə və nə ilə isə olan müsbət münasibətləri nəzərdə tutulur.

Əvvəlki səviyyədəki almaq istəyinə baxmayaraq ikinci səviyyə verməyə həvəsləndirir - məhz bu dəyişiklik həyatı mümkün edir. Belə olmasa, valideynlər uşaqların qayğısına qala bilməzdilər, ictimai həyat isə ağlasığmaz olardı. Məsələn, əgər mən restoran sahibiyəmsə, qazanmaq istəyirəm, nəticədə prinsipcə mənim marağım dairəsində və mənə tanış olmayan insanları yedizdirirəm. Həmin qayda bankirlərə, taksistlərə və başqa sahibkarlara da aiddir.

Beləliklə, biz başa düşürük ki, hətta birinci səviyyəyə aid olan almaq istəyi yaradılanın davranışının əsasında olsa da, təbiətin qanunu almaq deyil, altruizm və verməkdir. Yaradılanın hər iki - vermək və almaq istəklərini hiss etdiyi andan etibarən onunla baş verəcək hər bir şey bu iki səviyyənin münasibətlərindən asılıdır.

İndicə göstərildiyi kimi, ikinci səviyyənin almaq istəyi bizi ünsiyyət saxlamağa, almağa ehtiyacı olan insanları axtarıb tapmağa məcbur edir. Beləliklə, "Yaradana nə vermək olar?" sualı əsasında tədqiqat başlanır. Nəhayət, ayrı kimə nə vermək olar?

Hər halda, əslində məxluq ikinci səviyyədə verməyə cəhd edəndə, o, vermənin Yaradanın yeganə istəyi olduğunu aşkar edir. Yaradanın, hətta cüzi də olsa, almaq istəyi yoxdur. O zaman Məxluq Yaradana nə verə bilər ki? Üstəlik, məxluq ikinci səviyyədə müəyyən edir ki, birinci səviyyənin mahiyyəti onun həqiqi istəyinin almağa yönəlməsidir. O, anlamağa başlayır ki, onun mövcudluğunun əsası - həzz almaq və sevincdir. Bu isə əsl vermək istəyinin təzahürü deyil. Məsələnin əsl mahiyyəti də elə bundadır - Yaradan ancaq vermək istəyir, Yaradılan isə öz almaq istəyini hədiyyə edə bilər.

Ola bilsin ki, sizi belə vəziyyət çaşdırar, ancaq körpəsinə süd verən ananın bundan aldığı zövqü yada salsanız, başa düşəcəksiniz ki, körpə anasına sadəcə ondan yemək istəməsi ilə zövq verir.

Beləliklə, üçüncü səviyyənin almaq istəyi məxluq alma həzzini şüurlu seçməsi ilə səciyyələnir. Beləliklə, məxluq ilkin səviyyədə aldığını üçüncü səviyyədə Yaradana qaytarır.

İndi biz tam dövrəni tamamlayırıq və oyunun hər bir iştirakçısı verən olur: Sıfır mərhələsi - Yaradan birinci səviyyədə öz məxluquna verir, lakin məxluq

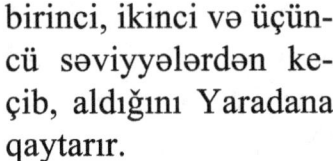 aradılışın mənbələri

Ən çox istifadə olunan kabala terminlərindən biri "sfirot"dur. Bu söz ivritdən gəlib və "sapir" (işıqlanan) mənasını verir. Hər bir sfiranın ("sfirot" sözünün tək halı) özünəməxsus nuru var. Bundan başqa, beş səviyyənin hər biri bir, yaxud bir neçə sfirotun adını daşıyır. Sıfır səviyyəsi - Keter, birinci səviyyə - Xoxma, ikinci səviyyə - Bina, uçüncü səviyyə - Zeir Anpin və dördüncü səviyyə - Malxut adlanır.

Əslində ümumilikdə on sfirot mövcuddur. Belə ki, Zeir Anpin altı sfirotdan ibarətdir: Hesed, Qvura, Tiferet, Nesax, Xod və Yesod. Beləliklə, sfirotlar bunlardır: Keter, Xoxma, Bina, Hesed, Qvura, Tiferet, Necax, Xod, Yesod və Malxut.

birinci, ikinci və üçüncü səviyyələrdən keçib, aldığını Yaradana qaytarır.

1-ci şəkildə, üçüncü səviyyədə aşağı istiqamətlənmiş ox onu göstərir ki, onun işi, birinci səviyyədə olduğu kimi, almaqdır. Yuxarı istiqamətlənmiş ox isə göstərir ki, bu halda onun niyyəti, ikinci səviyyədə olduğu kimi, verməkdir. Bir daha qeyd edirik ki, almaq istəyi həm birinci, həm də ikinci səviyyədə dəyişmədən qalır.

Əvvəldə də qeyd etdiyimiz kimi, dunyada qarşılaşdığımız bütün problemlərin səbəbi eqoist niyyətlərdir. Həmçinin burada - yaradılış mənbəyində də niyyət əməlin özündən daha vacibdir. Yequda Aşlaq hətta israr edir ki, məcazi mənada desək, üçüncü mərhələ on faiz almaq və doxsan faiz verməklə səciyyələnir.

Beləliklə, görünür ki, bizim mükəmməl dövrəmiz var - orada Yaradan məxluqu özünə bənzər, verən etməklə uğur qazanmağa müvəffəq olur. Üstəlik, məxluq verməkdən həzz alır və bununla Yaradana zövq verir, lakin bununla Yaradanın Yaradılış ideyası başa çatırmı?

- Tam olaraq yox. Almaq aktı (birinci səviyyə) və Yaradanın yeganə istəyinin vermək (ikinci səviyyə) olduğunu anlamaq, məxluqu Onun kimi (üçüncü səviyyə) olmaq üçün səy göstərməyə vadar edir. Əgər məxluq verən olarsa, bu, o demək deyil ki, o, artıq Yaradanın səviyyəsinə çatıb. Belə olsaydı, Yaradılış İdeyası başa çatardı və bununla da hər şey üçüncü səviyyədə bitərdi.

Yaradan statusuna çatmaq üçün məxluq nəinki verən olmalıdır, həm də Verənin niyyətində - Yaradılış İdeyasında olmalıdır. Bu zaman o, başa düşəcəkdir ki, Yaradan - yaradılan dövrəsi hansı məqsədlə həyata keçib, həmçinin, Yaradan yaradılanı nə üçün yaradıb.

Tam aydındır ki, Yaradılış İdeyasını başa düşmək istəyi varlığın, birmənalı olaraq, yeni mərhələsidir. Burada uşağın öz valideyni kimi güclü və müdrük olmağa səy göstərməsini yeganə müqayisə obyekti kimi göstərmək olar. Biz, instinktiv olaraq, hiss edirik ki, bu ancaq uşağın valideynin yerini tutacağı zaman mümkündür. Elə buna görə də valideynlər tez-tez övladlarına deyirlər: "Gözlə - sən ancaq öz övladların olanda hər şeyi başa düşəcəksən".

Kabala fəlsəfəsində Yaradılış İdeyasını anlamaq - idrakın ən yüksək səviyyəsi olub, "dərketmə" adlanır. Dördüncü səviyyənin almaq istəyi məhz buna səy göstərir. Yaradanın Niyyətini dərk etməyə səy göstərmək - məxluqa xas olan ən güclü qüvvədir. O, bütün təkamül prosesini hərəkətə gətirir. Biz özümüzə hesabat versək də, verməsək də, bütün bəşəriyyət müqəddəs biliklərə meyl göstərir, nəyə görə Yaradanın məhz belə hərəkət etdiyini başa duşmək istəyir. Elə bu stimul da min illər bundan əvvəl kabalistləri yaradılışın sirrini açmağa vadar etdi. Bunu anlayana kimi bizim rahatlığımz olmayacaq.

YARADILIŞ İDEYASININ AXTARIŞLARI

Yaradan bizim ona bənzərliyimizdən həzz almağımızı istəyir, lakin buna baxmayararaq, o, bizə bu istəyi ilkin olaraq vermir. Yaradanın məxluqlara, *Adam Rişonun* ümumi ruhuna verdiyi yeganə şey - maksimum həzz almaq hərisliyidir, lakin səviyyələrin dəyişmə ardıcıllığından görürük ki, Yaradana bənzəmək istəyi məxluqlarda tədricən inkişaf etmişdir.

Üçüncü səviyyədə məxluq artıq hər şeyi əldə edib və Yaradana nə isə vermək istəyini ifadə edir. Bu səviyyədə əslində dövriyyə bitməli idi, çünki məxluq artıq Yaradana bənzəyərək onun etdiyini edir, yəni verir. Bu mənada artıq onlar uyğunlaşmışlar.

Bununla belə, məxluq vermək istəyinə malik olmaq üçün nəzərdə tutulmayıb. O, sadəcə olaraq vermək hissinin nə olduğunu, reallığı yaratmaq üçün enerjini haradan aldığını və bu hissin sahibinə hansı müdrikliyi bəxş etdiyini anlamaq istəyir. Bir sözlə - məxluq Yaradanın düşüncəsini anlamaq istəyir. Məhz bu istək yeni idi. Yaradan ilkin olaraq məxluqa bu hissi aşılamamışdı.

Axtarışların bu mərhələsində məxluq artıq müstəqillik əldə edir. Bunu bu şəkildə təsəvvür etmək olar: əgər mən kimə isə bənzəmək istəyirəmsə, bu, o deməkdir ki, mən onun məndən asılı olmayaraq mövcudluğunu, mənim əldə etmək istədiyimə malik olduğunu və mənim olmaq istədiyim kimi olduğunu dərk edirəm.

Başqa sözlə desək, mən nəinki məndən xaric kimin isə mövcudluğunu, həmçinin Onun məndən fərqli olduğunu da dərk edirəm. Hətta fərqlilikdən daha çox - məndən üstün olduğunu anlayıram. Əks halda, mən nədən ona bənzəmək istəyim? Beləliklə, Malxut - dördüncü mərhələ, digər üç mərhələdən əsaslı surətdə fərqlənir. Belə ki, o, xüsusi növ həzz istəyinə - Yaradanla bərabərliyə can atır. Bu səbəbdən şəkildə o, daha qalın oxla göstərilmişdir. Yaradanın nöqteyi-nəzərindən, bu halda Malxut Yaradanın əvvəldən nəzərdə tutduğu düşüncəni tamamlayır. (şəkil 2)

Təəssüf ki, biz heç də hər şeyə Yaradanın mövqeyindən baxmırıq. Biz indi durduğumuz yerdən, aşağıdan, xüsusən də sınmış eynək vasitəsilə baxdı-

Kabalanın təzahürü

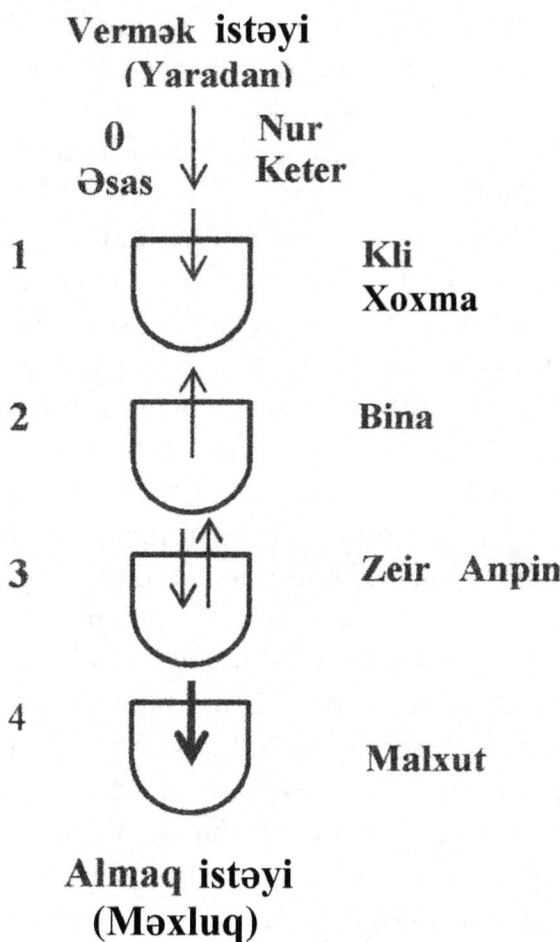

Şəkil 2.
Malxutdan Yaradana doğru uzanan ox Malxutun Yaradana bənzəmək istəyini ifadə edir.

Yaradılışın mənbələri

ğımızda, gördüyümüz mənzərə ideallıqdan çox uzaqdır. kli (şəxsiyyət), Nura tam əksdir və Ona yalnız o halda yaxınlaşa bilər ki, almaq istəyini vermək niyyəti kimi ifadə etsin. Belə olan halda kli, diqqətini öz zövqündən, Yaradanın vermək istəyindən törəyən Sevinc hissinə yönəltmiş olur. O zaman kli də verənə çevrilir. Əslində, Yaradana vermək niyyəti ilə almaq istəyi artıq üçüncü səviyyədə yaranmışdı. Deməli, Yaradanın fəaliyyəti baxımından bu mərhələdə məxluqun Ona uyğunlaşması prosesi artıq bitmişdir. Yaradan vermək niyyəti ilə verir, məxluq isə üçüncü səviyyədə vermək niyyəti ilə alır.

Deməli, məqsədləri baxımından onlar bir-birlərinə bənzər olaraq tamlıq təşkil edirlər. Bununla belə, sonsuz zövqün mahiyyəti, Yaradanın nə etdiyini bilmək və ya Onu təkrarlamaqda deyil, Onun nə üçün belə etdiyini anlayıb, Onun kimi düşünməyi bacarmaqdan ibarətdir. Varlığın ən yüksək niyyəti - Yaradanın vermək niyyəti əvvəldən məxluqa verilməmişdi. Bu, məxluqun özünün müstəqil olaraq əldə etməli olacağı (dördüncü səviyyə) bir səviyyədir.

Bir tərəfdən bizə elə gəlir ki, Yaradan verən, biz isə alan olduğumuz üçün Onunla tam əks mövqelərdəyik. Əslində isə Yaradan üçün ən sonsuz zövq bizim Ona bənzəməyimiz, bizim üçün isə Yaradana bənzəməkdir. Eynilə hər bir övlad öz valideynlərinə bənzəməyə çalışır, valideynlər isə arzu edirlər ki, övladları nəinki onlara bənzəsin, hətta onlardan irəli getsinlər.

Kabalanın təzahürü

Belə məlum olur ki, biz Yaradanla eyni məqsədə qulluq edirik. Bu ideyanın dərk edilməsi bizim həyatımızı əsaslı surətdə dəyişə bilər. Bu gün çoxlarının istiqaməti itirmələri ucbatından əzab çəkdikləri bir zamanda, biz Yaradanla birgə əvvəlcədən müəyyən olunmuş eyni məqsədə doğru irəliləyə bilərik.

Yaradana -Verənə bənzəmək üçün, kli niyyəti həyata keşirir: Birincisi, o, Almaq istəyindən daşınır, yəni "tsimtsum" (ixtisarlaşdırma) adlanan əməli yerinə yetirir. Bu halda kli Nuru tam təcrid edərək, onun daxil olmasının qarşısını alır. Bu fikri adi sözlərlə ifadə etsək, dadlı və zərərli təamdan tam imtina etmək, onun az bir hissəsini yeyib, çox hissəsini boşqabda qoymaqdan daha düzgündür. Beləliklə, tsimtsum Yaradana bənzəmək yolunda ən sadə və ilk addımdır.

Malxutun həyata keçirdiyi ikinci əməl Nurun (zövqalma his-

Vermək istəyini təsvir etmək üçün kabalistlər müxtəlif terminlərdən istifadə edirlər: Yaradan, Nur, Verən, Yaradanın İdeyası, Sıfır Mərhələsi, Keter, Bina və s. Buna bənzər almaq istəyinin ifadəsi üçün də müxtəlif anlayışlardan istifadə olunur: Yaradılan, Kli, Alan, Birinci səviyyə, Xoxma və Malxut - bunlar yalnız terminlərin bir hissəsidir. Bütün bu ifadələr almaq və vermək istəklərinin müxtəlif aspektlərini ifadə edir. Əgər biz bunları yadda saxlasaq, o zaman bir çox terminlər bizə daha aydın olar.

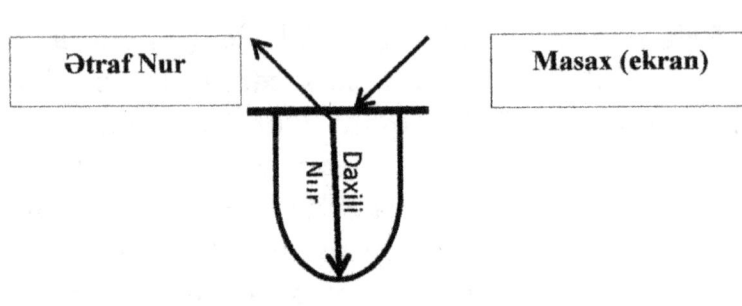

Şəkil 3.

Masax - Məxluqun Yaradana həzz vermə məqsəiilə ala biləcəyi nuru (daxili nur) onun bu məqsədlə ala bilmədiyi nuru (ətraf nur) bir-birindən ayıran xətdir.

sinin) tədqiqini təmin edən mexanizmin yaradılmasıdır ki, bunun da vəzifəsi, əgər Nurun qəbulu vacibdirsə, o zaman onun hansı həcmdə, hansı miqdarda qəbul olunmasını müəyyənləşdirməkdir. Bu mexanizm "masax" (ekran) adlanır. Alınan Nurun miqdarını masax üçün təyin edən amil "vermənin məqsədi" adlanır. (şəkil 3). Daha sadə dildə desək, kli Yaradana zövq vermək niyyəti ilə qəbul etməyə qadir olduğu qədər Nuru özünə daxil edir. Klinin qəbul etdiyi Nur "daxili Nur", xaricdə qalan Nur isə "ətraf Nur" adlanır.

İslah prosesinin sonunda kli Yaradanın bütün Nurunu qəbul edərək Onunla bir vəhdət təşkil edəcək. Məxluqun məqsədi bundan ibarətdir. O səviyəyə çatanda biz Onu tam bir orqanizm kimi hiss edəcəyik, çünki, əslində, mükəmməl kli ayrı-ayrı insanların deyil, bütün bəşəriyyətin istəklərindən ibarətdir. Beləliklə, son islah bitdikdə, biz Yaradanla birləşərək dördüncü səviyyəni tamamlayacağıq və məxluq istər bizim, istərsə də Yaradanın nöqteyi-nəzərindən mükəmməl olacaq.

MARŞRUT

Yaradanla vəhdəti təmin edəcək vəzifəni yerinə yetirmək üçün ilk növbədə məxluq ona düzgün istiqamət verə və inkişafına səbəb ola biləcək ətraf seçməlidir. Həmin ətraf "aləmlər" adlanır.

Dördüncü mərhələdə Yaradılış iki hissəyə bölünür: yuxarı və aşağı hissələr. Yuxarı hissə aləmləri, aşağı hissə isə tam surətdə bu aləmlərə məxsus olan yaradılışı formalaşdırır. Daha doğrusu - aləmlər masaxdan keçən Nurdan, yaradılış isə masaxdan keçə bilməyən istəklərdən ibarətdir.

Kabalanın təzahürü

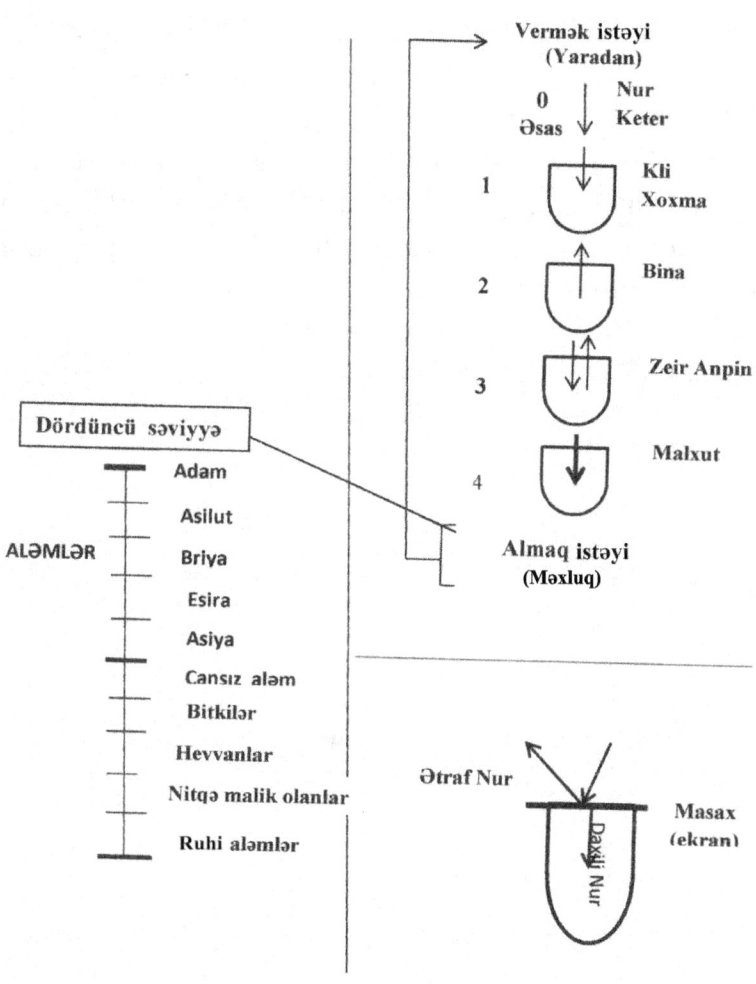

Şəkil 4.

Şəklin sol tərəfində Malxutun daxili quruluşu təsvir olunub. Bu quruluş göstərir ki, o, bütün mənəvi aləmlərin, eyni zamanda maddi aləmin mənbəyidir.

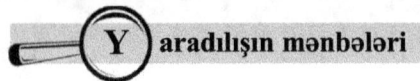 aradılışın mənbələri

Yuxarıda qeyd etmişdik ki, mövcud olan hər bir şeyin əsasını dörd səviyyəli model təşkil edir. Aləmlər də həmin dörd mərhələnin formalaşdığı prinsiplər üzrə təkmilləşir. 4-cü şəklin sol bölümündə yuxarı hissəsinə aləmlərin, aşağı hissəsinə isə yaradılışın aid olduğu dördüncü mərhələnin tərkibi təsvir olunmuşdur.

YUXARI VƏ AŞAĞI

Sizə məlumdur ki, Yaradılış yalnız sevinc və zövq almaq istəyindən ibarətdir. Deməli, yuxarı və aşağı dedikdə, hər hansı bir məkan deyil, ali və ya aşağı səviyyəli istəklər nəzərdə tutulur. Başqa sözlə desək, biz ali istəkləri aşağı səviyyəli istəklərə nisbətən daha çox qiymətləndiririk. Dördüncü səviyyədə Yaradana vermək niyyəti ilə istifadə olunan hər bir istək yuxarı hissəyə, bu niyyətlə istifadə oluna bilməyən digər istəklər isə aşağı hissəyə aiddir.

İstəklərin beş səviyyəsinin mövcud olduğunu (cansız, bitki aləmi, heyvanlar aləmi, nitqə malik olanlar, ruhi aləm) nəzərə alaraq, onların hər birini aydınlaşdırmaq lazımdır. Realizə olunmuş istəklər - aləmləri, realizə olunmamış (hələlik) istəklər isə Yaradılışı təşkil edir.

Gəlin bununla əlaqədar dördüncü səviyyə və onun masaxla qarşılıqlı əlaqəsi barədə daha ətraflı danışaq, çünki, əslində bu mərhələ biz özümüzük və onu anlamaqla özümüz haqqında müəyyən şeyləri aşkara çıxara bilərik.

Malxut (dördüncü səviyyə) heçlikdən deyil, üçüncü səviyyənin, o isə öz növbəsində ikinci səviyyənin və s. nəticəsi olaraq yaranmışdır. Eynilə ABŞ prezidenti Avraam Linkoln da heçlikdən yaranmamışdır. O, körpə Eybadan kiçik oğlan uşağına, sonra gənc oğlana, daha sonra prezident olacaq yetkin bir kişiyə çevrilmişdi. Onun həyatındakı bu aralıq mərhələlər heç bir yerə yox olmur. Bu mərhələlər olmasaydı, Avraam Linkoln heç vaxt prezident Linkoln olmazdı. Bu mərhələləri görməməyimizin səbəbi ondadır ki, həmişə inkişafın nisbətən yüksək səviyyəsi ondan aşağıdakı səviyyəni örtür, kölgədə qoyur, lakin bu son səviyyə nəinki əvvəlkiləri özündə qoruyub saxlayır, hətta onlarla qarşılıqlı münasibətdə olur. Məhz bu səbəbdən biz bəzən, xüsusən zəif hisslərimizə toxunulduqda, onlar "yetkinlik" qatları ilə müdafiə olunmadıqlarından, özümüzü uşaq kimi köməksiz hiss edirik. Belə çoxlaylı quruluş sonralar bizim valideyn olmağımıza kömək edir. Övladlarımızın tərbiyəsi prosesində biz həyatda keçdiyimiz mərhələləri onlarda görürük və bu, bizə onları daha yaxşı anlamağa imkan verir. Bu zaman biz uzun illər boyu topladığımız təcrübə və bilikləri tətbiq edirik. İnsanın belə quruluşda olmasının səbəbi ondadır ki, Malxut (biz bu səviyyəni artıq bizə məlum olan adla adlandıracağıq) da həmin quruluşa malikdir. Malxutdan əvvəlki bütün səviyyələr ona daxildirlər və onun strukturunun saxlanmasını təmin edirlər.

Malxut Yaradana daha çox bənzəmək üçün, özündəki hər bir gizli istəyi tədqiq edərək, onları realizə oluna bilən və realizə oluna bilməyənlərə bölür. Beləliklə, realizə oluna bilən istəklər təkcə vermək niyyəti ilə almaq məqsədi üçün deyil, həmçinin Malxutu özünə bənzətməkdə Yaradana kömək məqsədilə də istifadə olunacaq.

İndiyə kimi öyrəndiklərimizdən hələ də məlum deyil ki, bizim dünya hansı aləmə məxsusdur. Əslində heç birinə. Unutmaq olmaz ki, Ali aləmlərdə məkan anlayışı yoxdur, sadəcə müxtəlif səviyyələr var. Aləm nə qədər yüksəkdə yerləşirsə, o qədər altrust səviyyəni ifadə edir. Bizim aləmin adı heç bir yerdə çəkilmir, çünki o da bizim kimi, Ali aləmlərdən fərqli olaraq, eqoistdir. Eqoizm altruizmin əksi olduğu üçün bizim dünya ruhi aləmlər sistemindən ayrılır. Məhz bu səbəbdən kabalistlər təsvir etdikləri sistemlərdə bizim aləmdən bəhs etmirlər.

Hətta, biz, Yaradana bənzəyərək, aləmləri yaratmasaq, onlar faktiki cəhətdən mövcud deyillər. Kabalistlər bizim aləmdən Ali aləmlərə pillə-pillə yüksəldikcə, özlərinin yüksəliş səviyyələrini təsvir etdiklərindən, onlar barədə keçmiş zamanda danışırlar. Biz öz ruhi aləmlərimizi aşkara çıxarmaq istəyiriksə, o zaman altruist olmalıyıq.

Bir az əvvəl qeyd etdiyimiz kimi, məxluq Yaradana bənzəmək üçün inkişaf edərək, bu bənzərliyə çatmaqda ona kömək edəcək düzgün bir ətraf yaratmalıdır. Realizə oluna bilən istəklər, yəni aləmlər məhz bununla məşgul olurlar. Onlar realizə oluna bilməyən istəklərin Yaradana vermək niyyəti ilə necə istifadə olunduğunu göstərərək, onları islah edirlər.

Aləmlərlə məxluq arasındakı münasibəti bir inşaat qrupu və qrupun bir üzvünün nə etmək lazım olduğunu bilməməsi kimi təsəvvür etmək olar. Aləmlər məxluqa hər prosesin necə yerinə yetirilməsini göstərərək, ona müxtəlif alətlərdən necə istifadə etməyi (materialı necə deşmək, çəkicdən, mişardan necə istifadə etmək və s.) öyrədirlər. Ruhi aləmdə isə məxluqa Yaradan tərəfindən verilən imkanlar nümayiş etdirilərək, onların düzgün surətdə necə tətbiq olunması aşkarlanır. Tədricən məxluq istəklərini necə istiqamətləndirməyi öyrənir. Məhz bu səbəbdən bizim aləmdə istəklər sadədən daha iddialıya doğru, bir-birinin ardınca üzə çıxırlar.

İstəklər aşağıdakı şəkildə aləmlərə bölünür: Adam Kadmon aləmi cansızlar səviyyəsinin realizə oluna bilən hissəsini təşkil edir. Cansız səviyyənin, məxluqda - aşağı aləmdə olan hissəsi realizə oluna bilməyən istəkləri təşkil edir. Əslində cansız aləmdə islah oluna biləcək bir şey yoxdur, çünki o, hərəkətsizdir və öz istəklərindən istifadə etmir. Beləliklə, hər iki hissənin cansız səviyyəsi sadəcə ondan sonra gələn səviyyələrin əsasını təşkil edir.

Növbəti aləm - Asilut bitki səviyyəsinin realizə oluna bilən hissəsini təşkil edir və eyni zamanda, bu səviyyənin realizə oluna bilməyən hissəsi aşağıda, məxluqda yerləşir. Eyni qayda ilə, Briya aləmi də heyvanlar aləminin realizə olunmuş hissəsidir, aşağı hissədə, məxluqda isə realizə olunmayan hissədir. Yesira aləmi nitqə malik olanların səviyyəsinin realizə oluna bilən hissəsidir, bu səviyyənin realizə olunmayan hissəsi isə aşağıda, məxluqda yerləşir. Həhayət, Asiya aləmi - ən intensiv ruhi istəklərin realizə oluna bilən hissəsini təşkil edir. Aşağı hissədə, məxluqda olan ruhi səviyyə isə realizə oluna bilməyən istəklərdir.

İndi sizə məlumdur ki, əgər bəşəriyyət islah olunarsa, yerdə qalan hər şey bir anda islah olunar. Beləliklə, gəlin özümüz haqqında, başımıza nə gəldiyi haqqında danışaq.

ADAM RİŞON - ÜMUMİ RUH

Adam Rişon - ümumi ruh (yaradılış), baş verən hər bir şeyin ilkin əsasını təşkil edir. O, ruhaniyyət aləmlərinin formalaşması nəticəsində meydana gəlmiş istəklər quruluşudur.Yuxarıda deyildiyi kimi, 5 aləm -Adam Kadmon, Asilut, Briya, Yesira və Asiya - dördüncü səviyyənin yuxarı hissəsinin formalaşmasını başa çatdırmışlar, lakin onun hələ aşağı hissəsi də inkişaf etdirilməlidir. Başqa sözlə desək, ruh elə realizə olunmamış istəklərdən ibarətdir ki, onlar ilk dəfə yarandıqda Yaradana vermək üçün Nuru qəbul edə bilməmişdilər. İndi həmin istəklər bir-birinin ardınca təzahür edərək aləmlərin, realizə olunmuş istəklərinin köməyi ilə islah olunmalıdırlar.

Beləliklə, dördüncü səviyyənin aşağı hissəsi, onun yuxarı hissəsi kimi, cansız aləm, bitkilər aləmi, heyvanlar aləmi, nitqə malik olanlar aləmlərinin istəkləri səviyyələrinə bölünür. Adam Rişonun inkişafı eynilə aləmlərin və dörd əsas mərhələnin inkişafında olduğu ardıcıllıqla baş verir, lakin Adamın istəkləri eqoist, eqosentrik olduğu üçün hər şeydən əvvəl Nuru qəbul edə bilmir. Nəticədə biz - Adam Rişonun ruhunun hissəcikləri ilkin yaradılışımızda malik olduğumuz birlik və tamlıq hissini itirdik.

Ruhaniyyət sisteminin iş prinsipini anlamaq bizim üçün çox vacibdir. Yaradanın istəyi verməyə yönəlmişdir, çünki bizi o yaratmışdır və mövcudluğumuzu təmin edir. Qeyd etdiyimiz kimi, almaq istəyi öz təbiətinə görə eqosentrik olub, hər şeyi özünə götürmək istədiyi halda, vermək istəyi özündən kənara işləyərək, alanın maraqlarına xidmət edir.

Beləliklə, Yaradanın öz yaratdığını vermək istəyinə uyğun olaraq, Onun yaratdıqlarını mütləq almaq istəməlidirlər, əks halda Onun istəyi həyata keçməyəcəkdir. Deməli, Yaradan bizə heç bir başqa şey yox, yalnız güclü almaq istəyi bəxş etməli idi. Bunu dərk etmək lazımdır ki, bizim Almaq istəyindən başqa heç bir şeyimiz yoxdur və ola da bilməz. Deməli, biz Yaradanın bəxşişlərini qəbul ediriksə, o zaman dövrə qapanır. O, xoşbəxtdir, deməli, biz də xoşbəxtik. Doğrudurmu?

Əslində isə, o qədər də yox. Belə ki, bizim istəyimiz yalnız almaqdır, onda biz verənlə əlaqə yarada bilmirik, çünki bizim ətrafa baxaraq, bəxşişin haradan gəldiyini təyin etmək qabiliyyətimiz yoxdur. Sən demə, biz almaq istəyi ilə bərabər, verəni də tanımalıyıq. Bunun üçün isə bizə vermək istəyi lazımdır. Bax, buna görə də bizdə birinci və ikinci mərhələlər mövcuddur.

Hər iki istəyə malik olmaq, heç də Yaradan tərəfindən bizdə əsası qoyulmamış yeni bir istəyinə malik olmaq anlamına gəlmir. Biz o istəyi əldə etmək üçün, ilk növbədə, fikrimizi öz həzzalma hissimizdə deyil, bizə verənə zövq vermək hissində cəmləşdirməliyik. Bu, "vermək niyyəti" adlanır. Bir tərəfdən o, islahın mahiyyətini təşkil edir, digər tərəfdən isə bizi, bir insan məxluqu kimi, eqoistdən altruistə çevirir. Sonda biz bu keyfiyyətə malik olduqda Yaradanla əlaqə yarada bilirik. Ali aləmlərin vəzifəsi də bizə məhz bunu öyrətməkdir.

Yaradanla əlaqə yaradana qədər biz islah olunmamış istəklərimizlə birlikdə Adam Rişonun ruhunun hissəcikləri sayılırıq. Bizdə vermək niyyəti yaranan kimi, islah olunaraq həm Yaradanla, həm də bütün bəşəriyyətlə əlaqə yaratmış olacağıq. Tam islah olunduğumuzda öz ilkin yaranma mərhələmizə, Adam Kadmon aləmindən yuxarı, Eyn Sof (Sonsuzluq) adlanan əbədi aləmə yüksələrək, Yaradana qovuşmuş olacağıq, çünki bizim realizə olunmağımız sonsuz və əbədi bir prosesdir.

NƏTİCƏLƏR

Yaradılış Layihəsi zövq və sevinc bəxş etmək olub, məxluqları Yaradana bənzətməkdən ibarətdir. Həmin düşüncə (Nur) zövq almaq istəyi və sevinc yaradır.

Nəticədə almaq istəyi vermək istəyinə çevrilir və məxluq Yaradana bənzər olur. O zaman O, (Almaq istəyi) almaq qərarına gəlir, çünki bu, Yaradana zövq vermək üsuludur. Bundan başqa o, öz mənbəyini dərk etmək həsrətindədir, çünki hər şeyi bilməkdən böyük sevinc ola bilməz. Nəhayət, almaq istəyi (məxluq) vermək niyyəti ilə alır, çünki bu, onu Yaradana bənzədərək, onun düşüncəsini dərk etməyə səbəb olur.

Vermək niyyətinə yönəldilmiş almaq istəyi yuxarıda yerləşmiş Ali aləmləri, vermək niyyəti üçün istifadə olunmayan istəklər isə Adam Rişonun ümumi ruhunu formalaşdırır. Bu istəklər Yaradılışın aşağı hissəsini təşkil edirlər.

Aləmlər və ruh oxşar quruluşa, lakin fərqli istəklər gücünə malikdirlər. Ona görə də Aləmlər ruha verməyi öyrənmək üçün nə etmək lazım olduğunu göstərə bilər və bununla da Adamın ruhunun islah olunmasına səbəb olurlar.

Belə demək olar ki, hər bir istək müəyyən aləmdə islah olunur: cansız səviyyə Adam Kadmonda, bitki səviyyəsi Asilutda, heyvani səviyyə Briyada, nitqə malik olanlar səviyyəsi Yesirada və nəhayət, ruhi aləmlərə məxsus olan istəklər yalnız Asiya aləmində islah oluna bilər. Asiya aləminin aşağı hissəsini bizim maddi aləmimiz olan kainat təşkil edir. Bu iddia bizi növbəti bölmənin mövzusuna gətirir.

IV HİSSƏ.

BİZİM KAİNAT

Əvvəlki hissənin başlanğıcında qeyd etdiyimiz kimi, yaradılış aktından əvvəl Yaradılış İdeyası olmuşdur. Birinci səviyyədən dördüncü səviyyəyə qədər - Almaq istəyi, aləmləri yaradan - Adam Kadmon aləmindən Asiya aləminə qədər olan aləmlər və öz növbəsində, bizim bu gün ibarət olduğumuz çoxlu ruhaniyyət zərrəciklərinə parçalanmış Adam Rişonun yaradılması bu ideya ilə şərtlənirdi .

Yaradılışın ardıcıllığını yadda saxlamaq çox vacibdir, belə ki, bu, bizim istənilən inkişafın yuxarıdan aşağıya, ruhi aləmdən maddi aləmə doğru olduğunu (əksinə deyil) anlamağımıza kömək edir. Bu, o deməkdir ki, bizim dünyamız ruhi aləmlər tərəfindən yaradılıb və onlar tərəfindən idarə olunur.

Hətta bizim dünyamızda elə bir hadisə yoxdur ki, o, əvvəlcə Ali aləmlərdə baş verməsin. Ali aləmlərdən bizim dünyamızın fərqi ondadır ki, orada baş verənlərin hamısı altruist niyyətli, bizim dünyamızda baş verənlər isə eqoist niyyətlidir.

Aləmlərin çoxpilləli quruluşu bizim dünyamızı ruhi proseslərin və hadisələrin "nəticələr dünyası" adlandırmağa imkan verir. Bizim dünyamızda biz nə edirsək edək, bu, ruhi aləmlərə heç bir formada təsir etmir. Deməli, əgər biz bu dünyada nəyi isə dəyişmək istəyiriksə, o zaman ruhi aləmlərə (idarəetmə mərkəzinə) yüksəlməli və oradan dünyamıza təsir etməliyik.

PİRAMİDA

Ruhaniyyət aləmlərində olduğu kimi, bizim dünyamızda da inkişaf sıfırdan dördüncüyə qədər - beş səviyyədə keçir. Bizim dünya piramida formasında qurulur. Aşağıda, bu dünyanın təkamülünün əsasında trilyon ton materiyadan ibarət cansız səviyyə yerləşir. (şəkil 5)

Bu trilyon ton materiyanın içərisində, kiçicik bir qığılcım zərrəsi şəklində Yer planeti yerləşir. Bu Yer planetində istəklərin bitkisəl inkişaf dövrü başlanmışdır. Təbiidir ki, planetin bitki aləmi kütləcə cansız aləmdən, xüsusilə də bütün kainatın materiyasının kütləsindən sonsuz dərəcədə kiçikdir. Heyvanlar bitkilərdən sonra yaranmışlar və onların kütləsi bitki aləminə nəzərən çox da böyük deyil. Nitqə malik məxluqlar sonda yaranmışlar və ən az miqdara malikdirlər.

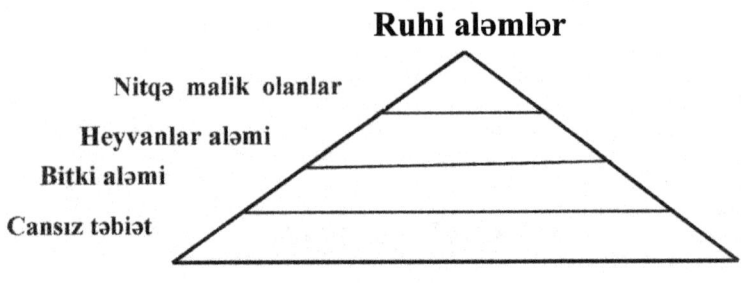

Şəkil 5.
Gerçəkliklərin piramidası eyni zamanda arzuların piramidasıdır. O, həm mənəvi aləmlərdə, həm də bizim maddi aləmdə öz gücünü saxlayır.

Sonradan, nitqə malik məxluqların yarandığı səviyyədən sonra növbəti mərhələ, "ruhi aləmlər səviyyəsi" inkişaf etmişdir. (Biz burada geoloji dövrlərdən bəhs etdiyimizdən, "sonradan" dedikdə, hadisələrin milyon illəri əhatə etdiyini nəzərə almaq lazımdır).

Məxluqların inkişaf mərhələlərini tam əhatə etmək mümkün olmasa da, piramidaya nəzər yetirdikdə və iki qonşu mərhələnin mütənasib qarşılıqlı əlaqəsini təsəvvür etdikdə, ruhaniyyətə olan həvəsin nə qədər yeni və qeyri-adi olduğunu görə bilərik. Belə bir müqayisə aparaq: əgər bütün kainatın mövcudluğunu bir gün (bu, təxminən 15 milyard ildir), yəni 24 saat kimi təsəvvür etsək, o zaman ruhaniyyətə həvəs cəmi 0.0288 saniyə əvvəl yaranıb.Geoloji dövrlər miqyasında bu məhz "indi" deməkdir.

Deməli, bir tərəfdən, istək nə qədər alidirsə, o qədər də nadir və "cavandır". Digər tərəfdən isə, insan mərhələsi üzərində ruhaniyyət səviyyəsinin olması bizim inkişafımızım hələ başa çatmadığını göstərir. Təkamül yenə də dinamik olaraq gedir, lakin biz onun son təzahür mərhələsində yerləşdiyimiz üçün, təbiidir ki, onu ali hesab edirik. Ali səviyyədə yerləşmək olar, amma bu o demək deyil ki, bu, sonuncu səviyyə olacaq. Biz, sadəcə olaraq, artıq həyata keçirilmiş səviyyələrin sonuncusunda yerləşirik.

Final səviyyəsində nəzərdə tutulur ki, bizim bədənimiz əvvəlki kimi qalacaq, lakin düşüncəmiz və həyat tərzimiz, hisslərimiz köklü surətdə dəyişəcək. Bütün bunlar bizdə artıq yetişir və "ruhaniyyət səviyyəsi" adlanır.

Heç bir fiziki dəyişikliklərə ehtiyac olmayacaq, yalnız bizim dərketməmizdə ruhi dəyişikliklər baş verəcək. Məhz buna görə də, növbəti səviyyə bu dərəcədə əlçatmazdır. O, bizim reşimotda (ruhaniyyət genlərimizdə) yazılaraq daxilimizdə gizlənib. Bu informasiyalar, bizim onları dərk edib-etməməyimizdən asılı olmayaraq, oxunub həyata keçiriləcək.

Beləliklə, biz, "Kabalanın müdrikliyi" adlı proqramı tətbiq etməklə, bu informasiyaların oxunub, həyata keçirilməsi prosesini sürətləndirə və həyatın bizim üçün daha xoş olmasını təmin edə bilərik.

YUXARIDA NECƏ, AŞAĞIDA DA ELƏ...

Yerin inkişaf mərhələri ilə birbaşa Nurun yayılması səviyyələri arasında müqayisə aparsaq, görərik ki, minerallar dövrü başlanğıc (sıfır) səviyyəsinə, bitkilər dövrü birinci səviyyəyə, heyvanlar dövrü ikinci səviyyəyə, nitqə malik məxluqlar dövrü üçüncü səviyyəyə, ruhaniyyət dövrü isə dördüncü səviyyəyə uyğundur.

Yerin alovlu "gənclik" dövrü bir neçə milyard il davam etmişdir. Planet soyuyan kimi bitki aləmi əmələ gələrək, bir neçə milyon illər ərzində hakim növ olaraq mövcud olmuşdur. Ruhaniyyət piramidasının bitki səviyyəsi cansız səviyyəsindən qat-qat nazik olduğu kimi, fizioloji bitki dövrü də, Yerdəki həyatın cansız dövründən xeyli qısa olmuşdur.

Bitki mərhələsi başa çatan kimi heyvani səviyyənin inkişafı başlayır. Birinci iki halda olduğu kimi, heyvan erası, ruhaniyyət piramidasının bitki və heyvan səviyyələri ilə müqayisədə bitki dövründən xeyli qısa olmuşdur.

İnsan səviyyəsi, ruhaniyyət piramidasının nitqə malik olanlar səviyyəsinə uyğun olaraq, təxminən son qırx min il ərzində inkişaf edir. İnsanlar dördüncü səviyyədə inkişaflarını başa vuran kimi, təkamül sona yetəcək və insan Yaradana qovuşacaqdır.

Dördüncü səviyyə təxminən beş min il əvvəl, insanın "qəlbindəki nöqtə" "oyananda" başlayıb. Ruhaniyyət dünyasında olduğu kimi, ilk dəfə bu nöqtəni duyan insan Adam adını daşıyırdı. Bu ilk insan Adam Rişon idi. "Adam" adı ivrit dilində "Edame la Elion" ("Mən Yaradan kimi olacağam") mənasını verir və Adamın Yaradana bənzəmək istəyini ifadə edir.

Müasir dövrdə, XXI yüzillikdə, təkamül artıq dördüncü səviyyənin - Yaradana bənzəmək istəyi səviyyəsinin inkişafını başa çatdırır. Məhz bu səbəbdən öz suallarına ruhaniyyətdə cavab axtaran insanların sayı günü-gündən artır.

PİLLƏLƏRLƏ YUXARIYA DOĞRU

Kabalistlər ruhi təkamülü ruhaniyyət pillələri ilə yüksəlmə kimi izah edirlər. Məhz bu səbəbdən kabalist Yequda Aşlaq "Zoar" kitabına yazdığı şərhini "Peruş a-Sulam" ("Dərketmə pillələrinə şərh") adlandırmışdı və ona görə də "Baal Sulam" ("Pillələrin sahibi)" adına layiq görülmüşdü. Lakin bir neçə səhifə əvvələ qayıtsaq, aydın olar ki, əslində "pillələrlə yuxarı" anlayışı "mənbəyimizə qayıdış" deməkdir, çünki biz artıq orada olmuşuq və indi müstəqil olaraq geriyə necə qayıdacağımızı aydınlaşdırmalıyıq.

Bizim son məqsədimiz - mənbəyimizdir, bizim yolumuz orayadır! Oraya tez və təhlükəsiz çatmağın yolu böyük istəyin - Klinin olmasıdır. Ruhaniyyətə doğru belə nəhəng can atma yalnız Nurdan - Yaradandan gələ bilər. Onu təmin etmək üçün isə bizə ətraf mühitin dəstəyi vacibdir.

Bir açıqlama verək: əgər mən bir parça tort yemək istəyirəmsə, onun dadını, qoxusunu, ağzımda necə əriyəcəyini təsəvvürümə gətirməklə, onu daha çox arzulayıram. Kabalada buna belə bir tərif verərdik: tort "ətraf nurla" mənə işıq "saçır".

Beləliklə, ruhi yüksəlişi arzulamaq üçün, ruhaniyyət həzzini almaq istəyini bizdə yaradacaq ətraf nuru mənimsəməliyik. Nə qədər çox belə nur yığırıqsa, o

- "Nur" və yaxud "ətraf nur" anlayışları arasında bir fərqi varmı?

- Fərq yalnız eyni nurun müxtəlif funksiyaları olmasındadır... Ətraf Nur nə vaxtsa Nurun daxil olacağı Klini yaradır. Ətraf nur sayılmayan nur isə bizim həzz kimi hiss etdiyimiz nurdur. Əslində mahiyyətcə onların hər ikisi eynidir, lakin onların bizə etdiyi islahedici və ya formalaşdırıcı təsirindən asılı olaraq, biz onu Ətraf Nur və ya saf həzz kimi - Nur adlandırırıq.

Təbii ki, biz Klini hazırlamadan Nur ala bilmərik, lakin Nur, dəyişmədən, bizi əhatə edən təbiət kimi, həmişə ətrafımızdadır.

Beləliklə, əgər bizdə Kli yoxdursa, Ətraf Nur onu bizim üçün yaradaraq, bizim həzz almaq istəyimizi gücləndirir.

qədər tez irəli gedirik. Ruhaniyyətə olan həvəs "MAN-ın yüksədilməsi", bu əməlin yerinə yetirilmə texnikası isə tortu yemək istəyinin artmasına bənzəyir: ruhaniyyət vəziyyətlərini təsəvvürünüzə gətirin, danışın, oxuyun, onlar haqqında düşünün, onun üzərində fikrinizi cəmləşdirə biləcək hər şey edin. Bununla belə, istəyin qüvvətləndirilməsinin ən güclü vasitəsi sizi əhatə edən cəmiyyətdir. Öz ruhi istəyimizi - öz MAN-ınızı gücləndirmək, beləcə də öz irəliləyişlərinizi tezləşdirmək üçün ətrafınızdan istifadə edə bilərsiniz.

Mühit haqqında altıncı hissədə daha geniş bəhs edəcəyik, hələlik isə gəlin onun barəsində bu şəkildə fikirləşək: əgər ətrafımdakı hər kəs eyni şeyi arzu edir və o barədə danışırsa, əgər hamının həvəsi eyni şeyədirsə, mən də mütləq onu istəyəcəyəm.

İkinci hissədə qeyd etmişdik ki, Klinin yaranması, bizim beynimizi həmin Klini Nurla (or) doldurmağın yollarını axtarıb tapmağa və istəyin təmin olunmasına məcbur edir. Kli nə qədər böyükdürsə, Nur o qədər çoxdur; Nur nə qədər çoxdursa, doğru yolu o qədər tez axtarıb tapmaq olar.

İlk növbədə biz başa düşməliyik ki, Ətraf Nur Klini necə yaradır və o, niyə "Nur" adlanır?! Bütün bunları anlamaq üçün "reşimot" məfhumunu izah etmək lazımdır.

Ruhaniyyət aləmlərinin və Adam Rişonun inkişafı

müəyyən ardıcıllıqla baş vermişdir. Aləmlər - Adam Kadmon, Asilut, Briya, Yesira və Asiya, Adam Rişon isə yaranmış istəklərin ardıcıllığına görə cansız, bitki, heyvan, nitqə malik olanlar və ruhi aləmlər adını almışlar.

Biz hazırkı həyatımızda uşaqlıq dövrümüzü unutmayaraq, keçmiş təcrübəmizə arxalandığımız kimi, təkamülün hər bir bitmiş mərhələsi də itmir, bizim "ruhaniyyət yaddaşımıza" yazılır. Başqa sözlə - bizim daxilimizdə bütün təkamül prosesinin tarixi, Yaradılış İdeyası ilə eyni olduğumuz dövrdən bu günə qədər həkk olunub. Ruhaniyyət pilləsi ilə qalxmaq o mərhələləri yada salıb, aşkar etmək deməkdir.

Bu xatirələrə "reşimot" ("yazılar") adı uyğun gəlir və hər bir reşimo ("reşimot"-cəm halda) müəyyən bir ruhi vəziyyəti təsvir edir. Bizim ruhi təkamülümüz müəyyən bir ardıcıllığa tabe olduğundan, reşimot da həmin ardıcıllıqla aşkarlanır. Başqa sözlə - biz yeni bir şey yaratmadan, sadəcə artıq baş vermiş və bizim üçün naməlum olan hadisələri yada saldığımızdan, bizim gələcək vəziyyətimiz artıq müəyyən olunub. İnsan yalnız bir halda - pillələrlə necə, daha tez yüksəlmək halında qərar qəbul etməyə qadirdir. Yüksəliş zamanı nə qədər çox səy göstərsək, bu vəziyyətlərin bir-birini əvəz etməsi və bizim ruhi inkişafımız o qədər sürətlənəcək.

Hər bir reşimo bitmiş bir formadır. Belə ki, biz onları keçdiyimizdə, zəncir halqaları kimi, biri qurtaranda digəri açılır. İndiki zamanda açılan hər bir reşimo, özündən əvvəlki tərəfindən yaradılıb və biz indi pillələrlə yüksəldiyimiz zaman geriyə döndüyümüzdən, hazırkı "reşimo" öz "yaradanını" "oyadır". Bu səbəbdən hazırkı vəziyyət bitdiyində bir az "dincəlmək" mümkün olacağına ümid etmək olmaz, cünki o, sona yetdiyində növbədə olan sonrakı reşimo aktivləşir və bu, biz islah olunmağımızı tam başa çatdırana qədər davam edəcək.

Biz altruist (ruhaniyyət insanı) olmağa can atdığımızda, reşimonu daha sürətlə açdığımızdan, özümüzün islah olunmuş halımıza yaxınlaşırıq. Bu reşimot ali ruhi vəziyyətlərin, hissiyyatların yazısından ibarət olduğu üçün onların doğurduqları hallar da daha zəngin olur. Bu baş verdiyində, biz bu hallara xas olan birliyi, sevgini, bağlılığı uzaqdan gələn zəif işıq kimi hiss etməyə başlayırıq. Onu əldə etməyə nə qədər çox həvəs göstərsək, o qədər çox yaxınlaşır və işığı daha da parlaqlaşır. Nur bizim ruhiyyət istəyimiz olan Klini belə yaradır.

Beləliklə, biz gördük ki, Ətraf Nur anlayışı bizim onu anlamağımız üçün düzgün seçilmiş bir ifadədir. Ətraf Nuru əldə edənə qədər biz onu sadəcə zahirən cəlbedici, füsunkar işıq kimi görürük.

Nur hər dəfə bizim yeni səviyyəyə keçməyimiz üçün kifayət qədər böyük Kli yaratdığında, növbəti reşimo açılır və yeni istək doğulur. Biz istəklərimizin nədən dəyişdiyini bilmirik, cünki onlar bizim hazırkı halımızdan daha ali səviyyədə olan reşimotun bir hissəsidirlər.

Sonda biz pillələrlə yüksəldikcə, Yaradana bərabər və onunla birləşmiş olduğumuz halda reşimot zənciri bitir.

RUHANİYYƏTƏ CAN ATMAQ

Əvvəlki bölmədən aydın olduğu kimi, dördüncü səviyyənin aşağı hissəsi Adam Rişonun substansiyasıdır. Aləmlər artan istəklərə uyğun yarandıqları kimi, Adamın (bəşəriyyətin) ruhunun təkamülü də beş səviyyədən keçmişdir (cansızdan mənəvi aləmlər səviyyəsinə qədər).

Bəşəriyyət hər bir səviyyəni sonuna qədər, bütünlüklə keçir. Daha sonra, növbəti istəklər səviyyəsinə uyğun reşimot açılmağa başlayır. Bu günə qədər biz "cansız"dan başlayaraq "nitqə malik olanlar" səviyyəsinə qədər bütün istəklərin reşimotunu yaşamışıq. Bəşəriyyətin təkamülünün tam bitməsi üçün ruhaniyyət istəklərinin bütün spektrləri yaşanmalıdır. Məhz o zaman biz Yaradana qovuşacağıq.

Əslində dördüncü səviyyə - istəklərin aktivləşməsi, kabalist İsaak Luriyanın (ARİ) təsdiqlədiyi kimi, artıq XVI əsrdə başlamışdı.

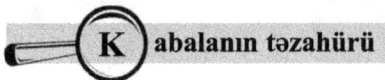 abalanın təzahürü

Bununla belə, biz bu gün də beşinci mərhələnin ən gərgin təzahürü olan ruhaniyyətə həvəsi müşahidə edirik. Hətta aktivləşmə o qədər böyük miqyasdadır ki, dünyada milyonlarla insan öz suallarına ruhaniyyət məzmunlu cavablar axtarır.

İnsanların arasında yeganə fərq seçdikləri həzzi necə almaq üsulundadır. Həzzalma hissi özlüyündə quruluşsuz, təmassizdir, lakin o, müxtəlif "pərdələr" və "geyimlər" altında gizləndikdə, həzzalmanın bir neçə növünün mövcud olması illüziyası yaranır. Əslində isə bütün bunlar, sadəcə olaraq, "zahiri qılafın" çoxsaylı növləridir.

Bizim, şüuraltı olaraq, həzzin xarici qişasını təmiz, ilkin formalı Yaradanın Nuru kimi arzu ilə əvəz etməyə olan həvəsimiz həzzalmanın mənəvi təbiətli olduğuna dəlalət edir.

Belə ki, insanlar arasındakı fərq, onların istəklərinin müxtəlif həzz qişalarına malik olmaları ilə müəyyənləşir. Bu və ya digər həzz qişasına verdiyi üstünlükdən asılı olaraq, biz insan haqqında mühakimə yürüdə bilərik. Biz müəyyən qişaları düzgün (məsələn, uşaqlara olan sevgi), digərlərini isə (narkotiklər) qəbuledilməz sayırıq. Biz özümüzdə həzzin qəbuledilməz qişasının yarandığını hiss edən kimi, məhz bu səbəbdən öz istəyimizi gizlətməyə məcbur oluruq. Beləliklə, gizli istək heç bir yana yox olmur və əlbəttə, islah da olunmur.

Bu gün açılan reşimot keçmişdəki reşimota nisbətən daha ruhi təbiətli olduğundan, müasir insanı narahat edən əsas suallar da onun yaranışı, varlığının mənbəyi ilə bağlıdır. İnsanların əksəriyyəti, normal həyat tərzi keçirmələrinə baxmayaraq, bu qisim suallar onları rahat buraxmır. Dünyəvi dinlərin verdiyi cavablar insanları qane etmədikdə isə onlar başqa bilik mənbələrinə əl atırlar.

Dördüncü səviyyənin digərlərindən əsas fərqi ondadır ki, o, bizdən daha güclü dərketmə, inkişaf tələb edir. Əvvəlki səviyyələrdə növbəti təkamül pilləsinə keçid təbiət tərəfindən məcburi surətdə diktə olunmuşdu. Təbiətin təzyiqi, bizim özümüzü vərdiş etdiyimiz vəziyyətdə narahat hiss edərək, onu dəyişməmiz üçün kifayət qədər güclü idi. Təbiət özünün bütün sahələrinin - insanların, heyvanların, bitkilərin və hətta cansız minerallarn belə inkişafını bu şəkildə həyata keçirir.

Təbiətimizdəki tənbəlliklə əlaqədar, biz vəziyyətimizi ancaq təzyiq dözülməz olduğu halda dəyişirik. Əks halda, barmağımızı belə tərpətmirik. Məntiq isə çox sadədir: mənim üçün onsuz da hər şey yaxşıdır. Nəyə görə nəyisə dəyişməliyəm?

Bununla belə, təbiətin düşündüyü başqadır. O, bizim vərdiş etdiyimiz halda qalmağımıza yol verə bilmir. O, bizim inkişaf edərək, Yaradanın səviyyəsinədək yüksəlməyimizi istəyir. Yaradanın düşündüyü məhz budur!

Beləliklə, qarşımızda iki imkan açılır: bir tərəfdən biz təbiətin ağrılı təzyiqi altında inkişaf yolunu seçə bilərik, digər tərəfdən düşüncəmizin inkişafında şəxsən iştirak etməklə, ağrısız bir yol keçə bilərik. İnkişafın dayanması nəzərdə tutulmayıb, çünki təbiət bizi yaratdığında bunu plana daxil etməmişdi. Əgər bizim ruhi səviyyəmiz yüksəlirsə, bu yalnız bizim Yaradana çatmaq istəyimizin nəticəsidir. Eynilə dördüncü səviyyədə olduğu kimi, bizdən istəklərimizin könüllü olaraq dəyişdirilməsi tələb olunur.

Məhz bu səbəbdən təbiət bizə olan təzyiqi getdikcə artırır. Düşüncəli surətdə öz kökümüzə qayıtmaq istəyi yaranana qədər biz qasırğalar, zəlzələlər, texnogen və digər təbii fəlakətlər nəticəsində sarsılmağa davam edəcəyik.

Gəlin təkrarlayaq: bizim ruhi kökümüzün təkamülü sıfırdan dördüncü mərhələyədək çatmışdır. Dördüncü mərhələ Aləmlərə (yuxarı hissəyə) və Ruhlara (aşağı hissəyə) bölünür. Adam Rişonun ümumi ruhunu təşkil edən ruhlar Yaradanla birlik hissini itirərək parçalanmışlar. Adamın ruhunun bu parçalanması bəşəriyyəti bu günkü vəziyyətə - "bizim dünya" adlanan vəziyyətə və ya maneədən aşağı vəziyyətə düşürmüşdür. Maneəni keçən ruhi qüvvə sonradan inkişaf etməyə başlayan maddi hissəciyi yaratmışdır. Böyük Partlayış məhz bu idi.

Yadda saxlamaq lazımdır ki, kabalistlər ruhi və maddi, fiziki aləmlərdən danışanda uyğun olraq altruist və eqoist xüsusiyyətləri nəzərdə tuturlar. Onlar heç vaxt sonsuz, tədqiq olunmamış kainatda hansısa bir fiziki məkanda yerləşən aləmləri nəzərdə tutmurlar.

Biz kosmik gəmiyə oturub, deyək ki, Yesira aləminə gedə və yaxud öz xasiyyətimizi dəyişməklə ruhaniyyətə qovuşa bilmərik. Yalnız Yaradana bənzəməklə buna nail olmaq olar. Bunu həyata keçirdiyimiz an anlayacağıq ki, Yaradan bizim daxilimizdədir və O, həmişə orada bizi gözləyib.

Sonuncu səviyyə istisna olunmaqla, bütün digər səviyyələrdə təkamül mənliyin dərk olunmasını nəzərdə tutmur. Şəxsiyyətə gəldikdə isə, bizim mövcudluğumuz faktı heç də onu dərk etməyimizə dəlalət etmir. Dördüncü səviyyəyə qədər biz sadəcə bir varlıq kimi mövcuduq. Başqa sözlə - bu və ya digər formada yaşayaraq, bir məqsədimizin olması, ya olmaması sualını vermədən həyatı olduğu kimi qəbul edirik.

Bununla belə, gəlin fikirləşək: bitkilərin qidalanıb böyüməsi üçün minerallar, heyvanların qidalanıb böyüməsi üçün bitkilər, insanların qidalanıb böyüməsi üçün bitkilər və heyvanlar mövcuddur. Bəs o zaman insanın mövcudluğunun mənası nədədir? Bütün səviyyələr bizə xidmət edir. Bəs biz kimə və ya nəyə xidmət edirik? Özümüzəmi? Yoxsa, öz eqoizmimizə ? Biz ilk dəfə bu sualları verməyə başladıqda, "ürəkdə nöqtə" adlandırdığımız, ruhaniyyətə olan istəyimiz baş qaldırır.

Təkamülün son səviyyəsində biz artıq iştirak etdiyimiz prosesi anlamağa başlayacağıq. Biz, sadəcə olaraq, təbiətin məntiqini mənimsəyəcək və tədricən düşüncəmizi genişləndirərək, onunla birləşəcəyik. Sonda biz nəinki təbiəti anlayacaq, hətta onu idarə etməyi öyrənəcəyik. Bu isə yalnız son mərhələdə - ruhi yüksəliş mərhələsində baş verəcək.

Biz birdəfəlik yadda saxlamalıyıq ki, insanın təkamülünün son səviyyəsi düşüncəli və könüllü surətdə açılmalıdır. Həqiqi və səmimi ruhaniyyət istəyi olmadan ruhi təkamül mümkün deyil. Bundan əlavə, "yuxarıdan aşağı" ruhi inkişaf artıq baş verib. Bizi Nurun yayılmasının dörd səviyyəsi ilə beş aləmdən keçirmiş (Adam Kadmon, Asilut, Briya, Yesira və Asiya), sonra isə bu dünyaya yerləşdirmişlər.

Əgər biz yenidən ruhaniyyət pillələri ilə geriyə yüksəlmək istəyiriksə, bunu düşüncəli surətdə etməliyik, lakin əgər məqsəd Yaradana bənzəməkdirsə, o zaman təbiət bizə nəinki kömək etmir, hətta önümüzə maneələr çıxarır.

Digər tərəfdən, əgər biz təbiətin məqsədinə diqqət yetirsək, o zaman həyatımızın ruhi sərvətlər axtarışında, kəşflər vəd edən həyəcanlı bir səyahət olduğunu hiss edərik. Hətta bu həyat səyahətində biz nə qədər aktiv iştirak etsək, kəşflərimiz də o qədər asan və tez baş verəcək. Ən vacibi isə həyatda rast gəldiyimiz bütün çətinliklər bizim tərəfimizdən cavabının tapılmasının vacib olduğu bir sual kimi qəbul ediləcək. Məhz buna görə düşüncəli, könüllü inkişaf yolu, təbiətin ağrılı zərbələri ilə bizi itələyərək yaratdığı, məcburi inkişafdan qat-qat üstündür.

Əgər ruhi inkişaf istəyi varsa, deməli, onun üçün uyğun Kli də mövcuddur və realizə olunmuş istəkdən irəli gələn, dolmuş Kli duyğusundan daha gözəl heç bir şey yoxdur.

Beləliklə, ruhaniyyətə olan istək ruhi dolğunlaşmadan öncə gəlməlidir. Klinin Nurun gəlişinə hazırlanması prosesi dördüncü səviyyəyə yüksəlişin yeganə vasitəsidir. Eyni zamanda bu, şübhəsiz, yeganə zövqalma mənbəyidir.

Əslində düşündükcə görürük ki, Klinin hazırlanması təbii bir prosesdir. Əgər mən susamışamsa, su mənim nurum, mənim həzzimdir. Təbiidir ki, onu içməzdən əvvəl mən qabı (Klini) hazırlamalıyam. Bu halda Kli susuzluqdur. Bu qayda eynilə bu dünyada əldə etmək istədiyimiz hər bir şeyə aiddir. Əgər mənim Nurum yeni avtomobildirsə, o zaman mənim onu almaq istəyim - mənim Klimdir. Məni işləyib, qənaət edib onu əldə etməyə vadar edən də Klidir.

Ruhi Kli ilə maddi Klinin yeganə fərqi ondadır ki, ruhi Kliyə nəyin dolacağını əminliklə demək mümkün deyil. Belə ki, insanın hazırkı halı ilə ali məqsəd arasında maneə olduğu üçün, məqsədə çatmadan onun nə olduğunu bilmək olmur. Lakin məqsədə çatdıqda, o, bütün ehtimal oluna biləcək gözləntiləri üstələyir və o ana qədər onun bu dərəcədə böyük olduğunu dərk etmək mümkün deyil.

NƏTİCƏLƏR

Fiziki və ruhi aləmlərin inkişaf səviyyələrinin ardıcıllığı tamamilə eyni olmaqla, istəklər piramidasından ibarətdir. Ruhi aləmlərin istəkləri (cansız, bitkilər, heyvanlar, nitqə malik olanlar və ruhi aləmlər) Adam Kadmon, Asilut, Briya, Yesira və Asiya aləmlərini yaradırlar. Onlar maddi aləmdə mineralları, bitkiləri, heyvanları, insanları və qəlbində "oyanış nöqtəsi"olan insanları yaradırlar.

Maddi aləmin yaranması Adam Rişonun ruhunun hissəciklərə parçalanması zamanı başlamışdır. O zamandan başlayaraq, istəklər zəifdən güclüyə doğru, bir-birinin ardınca təzahür etməyə başladı və mərhələ-mərhələ bizim aləmi yaratdı.

Bu gün, XXI əsrin başlanğıcında artıq bütün mərhələlər formalaşmışdır. Yalnız ruhi aləmlərə olan maraq, həvəs istisna təşkil edirdi ki, o da artıq tədricən daha da aktivləşir. Bu yeni istəyi islah etməklə, biz əslində birlik istəyindən ibarət olan Yaradanla birləşmiş olacağıq. Beləliklə, dünyanın və bəşəriyyətin təkamülü özünün ən yüksək nöqtəsinə çatacaq.

Ruhi köklərimizə qayıtmaq istəyimizin güclənməsi ilə yanaşı biz öz ruhi Klimizi qururuq. Ətraf Nur bu Klini islah edir və mükəmməlləşdirir. Hər yeni inkişaf mərhələsinə keçiddə keçmişdə içində olduğumuz daha mükəmməl vəziyyətlərin yazılışından ibarət olan yeni reşimot oyanır. Sonunda Ətraf Nur bütün Klini islah edərək, Adamın dağılmış ruhunun bütün hissəciklərini bir-biri ilə və Yaradanla yenidən birləşdirir.

Bununla belə, bu prosesdə belə bir sual vermək istəyi meydana çıxır: əgər reşimo məndə həkk olunubsa və müəyyən halların oyanması da məndə baş verirsə, o zaman obyektiv reallıq haradadır? Əgər başqa bir insanın reşimotu mənimkindən fərqlidirsə, bu, onun başqa bir aləmdə yaşadığınamı dəlalət edir? Hər şey məndə mövcuddursa, bəs o zaman onlar harada yerləşirlər? Yaradan haradadır? Kitabı oxumaqda davam edin və növbəti hissədə bütün bu suallarının cavabını tapacaqsınız.

V HİSSƏ

KİMİN REALLIĞI DAHA REALDIR?

> *Bütün aşağı və yuxarı aləmlər insanın daxilindədir.*
>
> Yequda Aşlaq

Giriş

Kabalada rast gəlinən ideyalar arasında reallıq konsepsiyasından daha irrasional, daha dərin və cəlbedici ideya tapmaq mümkün deyil. Əgər Maks Plank və onun insanların dünyagörüşündə inqilaba səbəb olan kvant nəzəriyyəsi olmasaydı, burada təklif olunan ideyalar rədd edilər və ya gülüş hədəfinə çevrilərdilər.

Bundan əvvəlki bölmədə deyildiyi kimi, təkamül, bizim zövq almaq istəyimizin sıfır səviyyəsindən dördüncü səviyyəyə qədər inkişaf etməsi nəticəsində baş vermişdir. Bununla belə, bir sual ortaya çıxır: əgər bizim istəyimiz təkamülün əsas təkanverici qüvvəsidirsə, o, bizdən kənarda mövcuddurmu? Bəlkə bizi əhatə edən aləm sadəcə inanmaq istədiyimiz bir nağıldır?

Biz nəzərdən keçirdik ki, Yaradılış, bilavasitə Nurun dörd yayılma səviyyəsini yaradan Ali Niyyət ilə başlamışdır. Bu səviyyələr on sfirotdan ibarətdir: Keter (sıfır səviyyəsi), Xoxma (birinci səviyyə), Bina (ikinci səviyyə), Xesed, Qvura, Tiferet, Netsax, Xod və Yesod (bunlar hamısı üçüncü səviyyəni təşkil edirlər), Zeir Anpin və Malxut (dördüncü səviyyə).

Kabalanın təzahürü

Kabalanın əsas kitabı olan "Zoar"da deyilir ki, bütün reallıq yalnız on sfirotdan ibarətdir. Yeganə fərq, onların bizim mahiyyətimiz olan almaq istəyinə nə dərəcədə təsir göstərmələrindədir.

"Bizim mahiyyətimizə təsir" dedikdə, kabalistlərin nəyi nəzərdə tutduqlarını anlamaq üçün, gil parçasına basılmış bir hava şarı təsəvvür edin. Şar on sfirotu, gil isə bizi təmsil edir. Biz şarı gilə nə qədər çox basırıqsa, gil o qədər çox quruluşunu dəyişir.

İnsanın ruhu ilə on sfirotun qarşılıqlı münasibətini nə ilə müqayisə etmək olar? Hərdən sizi əhatə edən, alışdığınız mühitdə nəyisə nəzərinizdən qaçırdığınızı heç hiss etmisinizmi? Bu hiss, on sfirotun bizim almaq istəyimizə təsir etdiyi zaman yaranan hissə bənzəyir. Sadə dildə desək, əgər biz əvvəllər anlamadığımız bir şeyi qəfildən dərk ediriksə, deməli on sfirot bizə artıq daha dərindən təsir edib.

Kabalistlər almaq istəyini aviyut adlandırırlar. Əslində hərfi mənada bu, "istək" deyil, "qalınlıq" deməkdir. Onlar ona görə bu termindən istifadə edirər ki, almaq istəyi yüksək olduqca ona daha çox laylar (qatlar) əlavə olunur.

Beləliklə, aviyut beş əsas mərhələdən - 0, 1, 2, 3, 4-dən ibarətdir. On sfirotun, aviyutun hansı mərhələsinə (qatlarına) təsir etməsindən asılı olaraq, almaq və vermək istəklərinin müxtəlif birləşməsi yaranır. Bu kombinasiyalar, mövcud olan bütün şeyləri: mənəviyyatı, maddi aləmləri və onlara daxil olan hər bir şeyi yaradırlar.

Almaq istəyinin müxtəlif variasiyaları, bizim "kelim" ("kli" sözünün cəm forması) adlanan dərketmə üsullarımızı formalaşdırır.

Başqa sözlə desək, hər bir quruluş, hər bir rəng, qoxu, istənilən fikir - mövcud olan hər bir şey buradadır, çünki məndə onları qəbul edə biləcək uygun kli var.

Bizim beynimiz maddi aləmdə olan hər bir şeyi öyrənmək üçün əlifbanın hərflərindən istifadə etdiyi kimi, bizim kelim də ruhaniyyət aləmini öyrənmək üçün on sfirotdan istifadə edir. Həmçinin maddi aləmi öyrənərkən müəyyən qaydaları və məhdudiyyətləri nəzərə aldığımız kimi, ruhi aləmin tədqiqində də onların hansı qanunlar əsasında formalaşdıqlarını bilməliyik. Məsələn, maddi aləmdə hər hansı bir şeyin həqiqiliyini ancaq təcrübə ilə yoxlamaq olar. Təcrübə olmasa, hər şey fərziyyə olaraq qalır.

Ruhaniyyət aləminin öyrənilməsinin öz məhdudiyyətləri var. Daha doğrusu, üç məhdudiyyəti var.

KABALANIN ÖYRƏNİLMƏSİNDƏ ÜÇ MƏHDUDİYYƏT

**Birinci məhdudiyyət -
biz nəyi dərk edirik?**

Yequda Aşlaq "Zoar" kitabına yazdığı girişdə, dərketmənin dörd formasından bəhs edir - materiya, materiyanın quruluşu, mücərrəd quruluş və mahiyyət. Bizim vəzifəmiz ruhaniyyət aləmini tədqiq edərkən bu formalardan hansının bizi daha düzgün informasiya ilə təmin edib-etməməsini təyin etməkdən ibarətdir.

"Zoar" yalnız ilk iki formanı aydınlaşdırır. Başqa sözlə desək, kitabın hər bir mövzusu ya materiya, ya da materiyanın forması baxımından yazılıb. Mücərrəd forma və ya mahiyyət baxımından yazılan heç bir mövzu yoxdur.

İkinci məhdudiyyət - biz harada dərk edirik?

Qeyd etdiyimiz kimi, ruhaniyyət aləminin substansiyası "Adam Rişonun ruhu" adlanır. aləmlər belə yaradılıb. Biz artıq bu aləmlərin yaradılması mərhələsini keçmişik və yüksəlişin daha ali səviyyəsindəyik. Baxmayaraq ki, bu, bəzən bizə belə görünmür.

Bizim bu günki vəziyyətimizdə Adam Rişonun ruhu tamamilə parçalanıb. "Zoar"da deyilir ki, zərrəciklərin əksəriyyəti (99%-i) Briya, Yesira və Asiya (BYA) aləmlərinə dağılıb, yalnız 1%-i Asilut aləminə yüksəlib. Deməli, biz Adam Rişonun hissəcikləri olduğumuz və Adam BYA sisteminə daxil olduğu üçün, biz bu aləmlərin yalnız bəzi hissələrini dərk etmək qabiliyyətinə malikik. BYA sistemindən yüksəkdə olan Asilut və Adam Kadmon aləmlərini isə biz heç bir halda dərk edə bilmərik. Bizim idrakımıza BYA aləmlərinin süzgəcindən keçən, Asilut və Adam Kadmon aləmlərindən əks olunan hissəciklər çatır.

Bizim aləm BYA aləmlərinin ən aşagı pilləsində yerləşir. Əslində bu aləm bütün digər aləmlərin tam əksi olduğuna görə, biz onları hiss etmirik. Bu, bir-birinə arxasını çevirərək, əks istiqamətlərdə

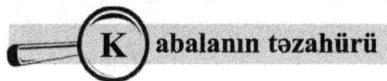

hərəkət edən iki insana bənzəyir. Onların nə vaxtsa görüşmək ehtimalı varmı? Beləliklə, azacıq islah olunan kimi, biz BYA aləmlərində yaşadığımızı anlayırıq. Sonda biz mütləq onlarla Asilut və Adam Kadmon aləmlərinə yüksələ biləcəyik.

Üçüncü məhdudiyyət - kim dərk edir?

Baxmayaraq ki, "Zoar" kifayət qədər təfərrüatıyla hər bir aləmi və onda baş verən hadisələri sanki fiziki aləmdə olduğu kimi təsvir edir, əslində söhbət ancaq ruhun daxilən keçirdiyi hallardan gedir. Başqa sözlə, kitabda kabalistlərin bu və ya digər halları necə dərk etmələrindən və bizim də belə bir dərketməyə malik ola bilməyimizdən bəhs edilir. Məhz buna görə, "Zoar"ı oxuyarkən BYA aləmlərində baş verən hadisələr, əslində ravvin Şimon Bar-Yoxayın ("Zoar"ın müəllifi) ruhaniyyət aləmini dərk etməsidir. Bunu isə onun tələbəsi ravvin Abba kitabda təsvir edib .

Bununla yanaşı, kabalistlər BYA aləmlərindən yuxarıdakı aləmlərdən yazanda, əslində o aləmlərin özlərindən deyil, digər məşhur kabalistlərin BYA aləmlərində olduqları zaman keçirdikləri kamilləşmə hallarından bəhs edirlər. Belə ki, kabalistlər öz şəxsi vəziyyətlərini təsvir etdiklərindən, bu təsvirlərin ümumi və fərqli cəhətləri ola bilər. Məsələn, aləmlərin və sfirotların adları aləmlərin ümumi quruluşuna uyğundur. Qalan məlumatlar müəlliflərin aləmlərdən aldıqları şəxsi təcrübədir.

Birinci məhdudiyyətdən danışarkən qeyd etdiyimiz kimi, "Zoar" materiya və onun quruluşu barədə məlumat verir. Materiya - Almaq istəyidir, materiyanın quruluşu isə niyyətdir, yəni bu istəyi həyata keçirən niyyətdir. Fikrimizi daha sadə şəkildə ifadə etsək, materiya=istək, onun forması=niyyət.

Mütləq yadda saxlamaq lazımdır ki, "Zoar"ı mistik hadisələr və ya nağıllar toplusu kimi qəbul etmək olmaz. Kabalaya həsr olunmuş bütün kitablar kimi, "Zoar"ı da həyatı öyrənmək üçün istifadə etmək lazımdır. Bu o deməkdir ki, kitab sizə yalnız sizin orada təsvir olunanları hiss etmək istədiyiniz halda kömək edə bilər. Əks halda, o, sizə heç nə verməyəcək və siz onu başa düşməyəcəksiniz.

Yadda saxlayın: kabalaya həsr olunmuş kitabların düzgün başa düşülməsi sizin intellektinizdən deyil, niyyətinizdən asılıdır. Məzmun sizə özünüzü mətndə təsvir olunan altruist xüsusiyyətləri mənimsəmək istədiyinizdə təsir edəcək.

Vermə forması, Asilut aləminin strukturu ilə təsvir olunur. Vermə istəyi öz mücərrəd formasına görə Yaradana məxsus bir xüsusiyyətdir və eqoist təbiətli məxluqlarla heç bir əlaqəsi yoxdur, lakin məxluqlar (insanlar) öz almaq istəklərinə vermək niyyəti geyindirərək, aldıqları halda vermiş ola bilərlər.

Bizim verə bilməməyimizin sadəcə olaraq bir neçə səbəbi vardır:

1) Verə bilmək üçün almaq istəyən kimsə olmalıdır, lakin bizdən başqa almağa ehtiyacı olmayan yalnız Yaradandır, çünki onun təbiəti Verməkdir. Beləliklə, Vermək istəyi bizim seçimimiz deyil.
2) Bizim, cüzi də olsa, Vermək istəyimiz yoxdur. Biz verə bilmərik, çünki materiyamızın mahiyyətində Almaq istəyi durur.

Beləliklə, axırıncı iddia göründüyündən daha mürəkkəbdir. Kabalistlər, "biz yalnız almaq istəyirik" dedikdə, heç də bizim yalnız almağı bacardığımızı demək istəmirlər. Bu, o deməkdir ki, bizim bütün hərəkətlərimizin arxasında bu niyyət durur. Sadəcə olaraq biz, bizə həzz verməyəcək heç bir şeyi etməyə niyyətli deyilik. Məsələ onda deyil ki, etmək istəmirik, məsələ ondadır ki, edə bilmirik. Yaradan bizə bir istək - Almaq istəyi verib, çünki Verən yalnız Odur. Deməli, bizim əməllərimizi dəyişməyimizə ehtiyac yoxdur. Biz, sadəcə əməllərimizin arxasında duran niyyətimizi dəyişməliyik.

K abalanın təzahürü

REALLIĞIN DƏRK OLUNMASI

Bu anlayışı ifadə edən bir çox termin var. Onun ən dərin formasını kabalistlər "kamillik" adlandırırlar. Onlar ruhaniyyət aləmini öyrəndikləri üçün məqsədlərini "ruhi kamillik" adlandırırlar. Kamillik dərketmənin elə dərin və hərtərəfli səviyyəsidir ki, burada daha heç bir suala yer qalmır. Kabalistlər yazırlar ki, bəşəriyyətin təkamülünün sonunda biz hamımız Yaradanı "quruluş bənzərliyi" adlanan bir xüsusiyyətlə dərk edəcəyik.

Kabalistlər məqsədlərinə çatmaq yolunda reallığın hansı aspektlərinin öyrənilib-öyrənilməməsini diqqətlə müəyyənləşdirməyə çalışmışlar. Bunun üçün sadə bir prinsipə riayət etmişlər: əgər nə isə tez və etibarlı bilik almağa kömək edirsə, onu öyrənmək lazımdır.

Kabalistlər, xüsusilə də "Zoar", bizi inandırmağa çalışırlar ki, yalnız dərk olunması tam etibarlı olan şeyləri öyrənmək lazımdır. Biz fərziyyələrə və təxminlərə vaxt itirə bilmərik, əks halda, əldə etdiyimiz məlumatlar etibarsız ola bilər.

Kabalistlər, həmçinin deyirlər ki, dərketmənin dörd formasından - materiya, materiyanın quruluşu, mücərrəd forma və mahiyyətdən - biz yalnız ilk ikisini əminliklə dərk edə bilərik. Bu səbəbdən "Zoar", istəkdən (materiya) və onu necə - özümüz üçün və ya Yaradan (materiyanın forması) üçün istifadə etməyimizdən bəhs edir.

Kabalist Yequda Aşlaq yazır ki, əgər oxucu məhdudiyyətlərlə hesablaşmasa, hər şeyi məzmundan kənar qəbul etsə, o zaman anlaşılmazlıqla üzləşə bilər. Yəni biz tədqiqatımızı materiya və materiyanın quruluşu ilə məhdudlaşdırmasaq, belə bir vəziyyət yarana bilər.

Biz anlamalıyıq ki, ruhaniyyətdə "qadağalar" yoxdur. Kabalistlər "qadağa" dedikdə, sadəcə bunun mümkünsüzlüyünü nəzərdə tuturlar. Onlar deyəndə ki, mücərrəd quruluşu və mahiyyəti öyrənmək lazım deyil, bu, o deməkdir ki, biz nə qədər arzu etsək də, bu kateqoriyaları öyrənməyə qadir deyilik.

Yequda Aşlaq mahiyyətin dərk edilməsinin mümkünsüzlüyünü elektrik enerjisi misalında göstərir. O deyir ki, elektrik enerjisi müxtəlif məqsədlərlə istifadə oluna bilər: müalicə, havanı sərinləşdirmək, musiqi səsləndirmək, film seyr etmək və s. Yəni, elektrik enerjisi müxtəlif formalar ala bilər. Bunula belə, biz onun mahiyyətini izah edə bilirikmi?

Dörd kateqoriya anlayışını (materiya, materiyanın formaları, mücərrəd forma və mahiyyət) izah etmək üçün başqa bir nümunə gətirək. Hər hansı bir insanın güclü olduğunu deyərkən biz əslində onun materiyasını - bədənini və formasını, onun bədənini əhatə edən gücü nəzərdə tuturuq. Əgər biz, güc formasını materiyadan (insanın bədənindən) ayırsaq və onları ayrılıqda öyrənməyə başlasaq, o zaman bu, gücün mücərrəd formasının tədqiqi demək olacaq.

Dördüncü kateqoriya insanın öz mahiyyətidir ,bu isə tamamilə dərkedilməzdir. Buradan məlum olur ki, mahiyyət nəinki indiki zamanda dərkedilməz bir məfhumdur - biz onu heç bir zaman dərk etməyəcəyik.

SƏHVLƏR TƏLƏSİ

Nə üçün biz məhz ilk iki kateqoriyada fikrimizi cəmləşdirməliyik? Problem ondadır ki, ruhi aləmlərdə hansı anda aza biləcəyini bilmək olmur. Düzgün seçilməmiş istiqamətdə hərəkət etdikdə, həqiqətdən daha çox uzaqlaşmaq olar.

Maddi aləmdə mən nə istədiyimi bildikdə, onu əldə etməyin mümkün olub-olmadığını təyin edə bilirəm və düzgün istiqamətdə gedib-getmədiyimi müəyyənləşdirmək imkanım var. Ruhi aləmlərdə isə hər şey başqa cürdür. Burada səhv etsən, nəinki istədiyin məqsədə çata bilməzsən, hətta əldə etdiyin səviyyəni də itirə bilərsən: nur zəifləyir və insan ustadı, müəllimi olmadan düzgün istiqaməti təyin edə bilmir. Məhz buna görə məhdudiyyətləri bilib, onlara riayət etmək lazımdır.

MÖVCUD OLMAYAN REALLIQ

Artıq nəyi öyrənmək lazım olduğunu bilirik və gəlin hisslərimizin vasitəsilə əslində nəyi tədqiq etdiyimizi aydınlaşdıraq. Kabalistlər, adətən, hər şeyi kiçik detallarına qədər tədqiq edirlər. Reallığı çox dəqiqliklə öyrənən Yequda Aşlaq yazır: "Biz, bizdən xaricdə nəyin mövcud olduğunu bilmirik. Məsələn, qulağımızın təbil pərdəsini hərəkətə gətirən xarici qüvvənin nə olduğunu bilmirik. Bizə sadəcə orqanizmimizin həmin qıcıqlandırıcıya olan reaksiyası məlumdur."

Hətta həmin vəziyyətlərə verdiyimiz adlar belə, onların özləri ilə deyil, bizim onlara olan reaksiyamızla bağlıdır. Çox güman ki, biz dünyada baş verən bir çox hallardan xəbərsizik. Bütün bunlar bizim hiss orqanlarımızdan yan keçə bilər, çünki

Kimin reallığı daha realdır

biz yalnız dərk etdiyimiz hərəkətlərə, vəziyyətlərə reaksiya veririk. Bu səbəbdən biz, bizdən kənarda olan bir şeyin mahiyyətini dərk edə bilmərik, çünki ancaq öz reaksiyamızı tədqiq etmək imkanımız var.

Qavrayışın bu qaydaları təkcə ruhaniyyət aləminə aid deyil - bu, təbiətin ümumi qanunudur. Reallığa olan bu münasibət bizə aşağıdakıları dərk etdirir: biz heç də həqiqətən mövcud olanı görmürük. Bu anlayış ruhi aləmlərin mənimsənilməsində çox vacibdir. Öz reallıqlarımızı tədqiq edərkən əvvəllər dərk etmədiyimiz bəzi şeyləri aşkara çıxarırıq. Biz daxilimizdə baş verənləri, sanki bizdən kənarda olan bir hal kimi qəbul edirik. Hadisələrin əsl mənbəyi bizə məlum deyil, amma biz onları xarici aləmdə baş vermiş kimi hiss edirik. Təəssüf ki, biz bunu heç bir zaman dəqiq öyrənə bilməyəcəyik.

Reallıqla düzgün münasibət yaratmaq üçün dərk etdiyimiz hər şeyin reallığı əks etdirdiyini düşünmək lazım deyil. Biz ancaq bizim dərketmə qabiliyyətimizə (bizim materiyamıza) hadisələrin (materiyanın formalarının) necə təsir etdiyini anlayırıq. Daha doğrusu, dərk etdiklərimiz xarici aləmdə baş verənlərin obyektiv şəkli deyil, bizim ona olan reaksiyamızdır. Biz hətta təsdiq edə bilmərik ki, dərk etdiklərimiz onları əlaqələndirdiyimiz mücərrəd quruluşla əlaqədardır və yaxud yox. Başqa sözlə desək, almanı qırmızı rəngdə görürüksə, bu heç də onun həqiqətən qırmızı rəngdə olması demək deyil. Əslində fiziklərdən bu barədə soruşsanız, onlar deyərlər ki, qırmızı alma haqqında yeganə iddia ondan ibarətdir ki, o, qırmızı deyil. Yadınıza salın ki, masax (ekran) necə işləyir: o, yalnız ala biləcəyi qədər alır ki, sonra Yaradana qaytarsın. Yerdə qalanını isə rədd edir.

Bu məntiqlə, obyektin rəngi, onun uda bilməyib, əks etdirdiyi rənglə müəyyən olunur. Biz obyektin öz rəngini deyil, əks etdirdiyi rəngi görürük. Onun əsl rəngi isə udduğu rənglərdir, lakin bu rənglər uduldüğundan, bizim görmə orqanımız onları qəbul etmir və deməli, biz onları görmürük. Məhz bu səbəbdən, qırmızı alma, qırmızıdan başqa, istənilən rəngdə ola bilər.

Yequda Aşlaq "Zoar" kitabına yazdığı ön sözdə bizim mahiyyəti dərk edə bilməməyimiz haqqında belə deyir: "Məlumdur ki, biz hiss etmədiyimizi təsəvvür etməyə qadir deyilik, lakin eyni zamanda biz təsəvvür etmədiyimizi də dərk edə bilmirik. Deməli, düşüncə mahiyyəti dərk etməyə qətiyyən həssas deyil."

Beləliklə, biz istənilən mahiyyəti dərk etməyə qadir deyiliksə, onu qavraya da bilmərik. Bu səbəbdən, Baal Sulamın "Ön söz"ü ilə tanış olan hər kəs, özümüz haqqında nə qədər az biliyə malik olduğumuza bir daha əmin olur. Bu barədə Baal Sulam yazır: "Hər şeydən əvvəl, biz hətta öz mahiyyətimizi belə dərk etmirik. Mən hiss edirəm ki, bu aləmdə bir məkan tuturam, cismim istidir və müəyyən sıxlığa malikdir. Həmçinin mahiyyətimin fəaliyyəti ilə bağlı bir çox başqa şeyləri də bilirəm, lakin əgər məndən soruşsanız ki, mahiyyətimin özü nədən ibarətdir ... mən sizə cavab verə bilmərəm."

ÖLÇÜ CİHAZI

Gəlin dərketmə probleminə başqa tərəfdən - texniki baxımdan yanaşaq. Fərz edək ki, bizim hisslərimiz ölçü cihazlarıdır və onlar dərk etdikləri hər bir şeyi ölçürlər. Səs eşitdikdə biz onun hündür və ya alçaq olduğunu, obyekti gördükdə onun rəngini, ölçüsünü, həcmini, əşyaya toxunduqda onun isti və ya soyuqluğunu, yaş və quru olduğunu təyin edə bilirik. Bütün ölçü cihazları eyni qaydada çalışır. Bir kiloqramlıq yük asılmış tərəzini təsəvvürünüzə gətirin. Adi tərəzilərdə yükün ağırlığından asılı olaraq dartılan yay və kütləni göstərən şkala var. Yayın dartılması müəyyən bir nöqtədə dayandıqda, rəqəmlər yükün çəkisini göstərir. Əslində biz yükün çəkisini deyil, yüklə yayın tarazlığını ölçürük. (şəkil 6)

Məhz buna görə kabalist Yequda Aşlaq təsdiqləyir ki, biz mücərrəd quruluşu dərk etməyə qadir deyilik,

Kimin reallığı daha realdır

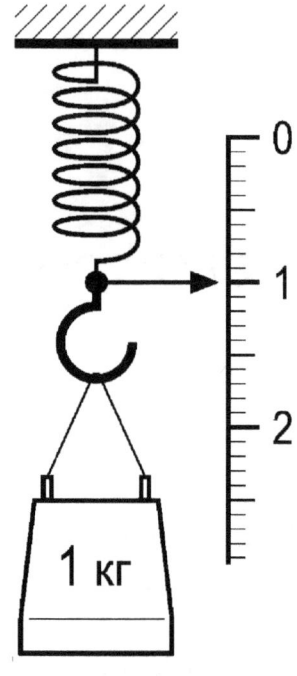

Şəkil 6.
Şkala çəkini yox, yaydakı gərginliyi göstərir.

çünki bizim onunla heç bir əlaqəmiz yoxdur. Əgər biz obyekti yaydan asaraq, ona olan xarici qüvvənin təsirini ölçməyə çalışsaq, müəyyən bir nəticə ala bilərik, lakin əgər biz xarici aləmdə baş verənləri ölçə bilmiriksə, o zaman sanki heç bir şey baş vermədiyini düşünürük. Hətta xarici təsiri ölçərkən qüsurlu yay qoysaq, təhrif olunmuş nəticə alarıq. Biz qocaldıqda və hisslərimiz kütləşdikdə məhz bu hadisə baş verir. Ruhi aləmlərin dili ilə desək, xarici aləm bizə daim yük kimi mücərrəd quruluşlar göstərir. Biz yay və şkala vasitəsilə almaq istəyi ilə vermək niyyətini ifadə edir, mövcud mücərrəd quruluşu hansı miqdarda qəbul edə biləcəyimizi ölçürük. Əyər biz Yaradanı "ölçən" cihaz ixtira edə bilsəydik, o zaman Onu, bu aləmi hiss etdiyimiz kimi hiss edə bilərdik.

Beləliklə, bu cihaz mövcuddur və o, "altıncı hiss" adlanır.

ALTINCI HİSS

Gəlin yeni bölməyə başlamazdan əvvəl bir qədər fantaziyalar aləminə qapılaq: biz tam vakuum şəraitində olan, qaranlıq bir məkanda yerləşirik. Heç bir şey görmürük, hiss etmirik, eşitmirik - qoxuların, dadların, toxunulacaq bir şeyin olmadığı məkan.

İndi isə təsəvvür edin ki, siz bu vəziyyətdə o qədər olmusunuz ki, hətta belə hisslərinizin olduğunu da unutmusunuz. Hətta varlığınızı belə yaddan çıxarmısınız.

Qəfildən incə bir qoxu gəlir. Qoxu getdikcə kəskinləşir, lakin siz onun haradan gəldiyini müəyyənləşdirə bilmirsiniz.

Sonra müxtəlif ətirlər gəlməyə başlayır - bəziləri kəskin, digərləri zəif və ya şirin... İndi siz onlara doğru istiqamətlənərək, məkandakı yerinizi təyin edib yolunuza başlaya bilərsiniz.

Birdən hər tərəfdən səslər eşidilməyə başlayır. Onlar müxtəlifdirlər: bəziləri musiqiyə bənzəyir, digərləri - nitqə, o biriləri sadəcə küy şəklindədir. Səslər məkanda sizə yeni bir istiqamət verir.

Beləliklə siz istiqamətləri, məsafələri ölçmək imkanı əldə edirsiniz, ətirlərin və səslərin mənbəyini təyin edə bilirsiniz. Artıq sizin yerləşdiyiniz məkan sadəcə bir boşluq deyil, səslər və ətirlərdən ibarət böyük bir aləmdir.

Bir müddət keçir və yeni bir şey kəşf edirsiniz: sizə nə isə toxunur. Sonra toxuna biləcəyiniz daha çox obyekti aşkara çıxarırsınız. Onlardan bəziləri soyuq, digərləri istidir, başqaları - quru, o biriləri isə yaşdır. Bir başqaları bərk, digərləri - yumşaqdır, lakin onlardan bəzilərinin nə olduğunu qətiyyən müəyyənləşdirə bilmirsiniz. Siz aşkar edirsiniz ki, obyektlərin bəzilərini ağzınıza qoya bilərsiniz və bu zaman artıq onların müxtəlif dadlara malik olduğu məlum olur. Bu andan etibarən siz artıq səslər, ətirlər, dadlar, təmaslarla zəngin bir aləmdə yaşayırsınız.

Bu, anadangəlmə kor doğulmuş bir insanın dünyasıdır. Əgər siz onun yerində olsaydınız, görməyə ehtiyac duyardınızmı? Bu hissin sizdə olmadığını bilərdinizmi? Heç vaxt... Bu, ancaq sizin əvvəl görmə qabiliyyətli olub, sonradan onu itirdiyiniz halda mümkün olardı....

Altıncı hiss məhz buna bənzəyir.... Biz nə vaxtsa ona malik olduğumuzu unutmuşuq. Halbuki, hər birimizdə zərrəsi olan Adam Rişonun parçalanmasına qədər o hiss bizdə var idi...

Altıncı hiss bir çox hallarda bizim digər hiss orqanlarımız kimi işləyir. Sadəcə olaraq o, özü əmələ gəlmir, onu inkişaf etdirmək lazımdır. Əslində "altıncı hiss" anlayışı bizi bir qədər çaşdıra bilər. Biz, daha bir hissiyyat orqanını deyil, niyyəti inkişaf etdirməliyik.

Niyyətimizi inkişaf etdirməklə, biz Yaradanın formalarını, bizim anadangəlmə eqoizmimizə zidd olan vermə istəyini öyrənirik. Məhz bu baxımdan altıncı hiss bizə təbiət tərəfindən verilmir, çünki o, bizə tam ziddir.

Biz hər bir istəyimizə düzgün niyyət qurmaqla, kim olduğumuzu, Yaradanın kim olduğunu, ona bənzəməyi istəyib-istəmədiyimizi dərk etməyə başlayırıq. Biz, yalnız bizə iki seçim haqqı verildiyi halda real seçmə imkanına malikik. Buna görə də Yaradan bizi ona bənzəyib, altruist olmağa məcbur etmir, lakin kim olduğumuzu bizə göstərməklə, könüllü seçim etməyimizə şərait yaradır. Seçim etdiyimizdə isə biz niyyətimizin Ona bənzəyib və ya bənzəməmək olduğunu aşkar edirik.

"Altıncı hiss" nə üçün niyyət adlandırılır? Çünki biz Yaradanın niyyətini əldə etməklə, Ona bənzəmiş oluruq. Bu, o deməkdir ki, biz təkcə eyni niyyətə sahib olmuruq, həmçinin Ona bənzər formanı inkişaf etdirməklə, başqa seçim etdiyimiz halda qavraya bilməyəcəyimiz şeyləri qavramaq imkanı əldə etmiş oluruq. Biz sanki Yaradanın gözləri ilə görməyə başlayırıq.

ƏGƏR YOL VARSA - ONU İDARƏ EDƏN DƏ VAR

Birinci hissəyə dönərək yada salaq ki, kabala elmində kli (qab, vasitə) və or (nur) anlayışları, sözsüz ki, vacib konsepsiyalardan biridir. Əslində baxmayaraq ki, real məqsəd odur, burada kli bizim üçün daha əhəmiyyətlidir,

Gəlin dediklərimizi bir nümunə ilə aydınlaşdıraq. Doktor Kendeys Pert "Dünya haqqında nə bilirik?" filmində qeyd edir ki, əgər müəyyən bir forma məndə yoxdursa, məndən xaricdə onu dərk edə bilmərəm. Fikrini aydınlaşdırmaq üçün o, hindular haqqında məşhur rəvayəti misal gətirir. Rəvayətə görə, hindular Kolumbun yaxınlaşan gəmisinə baxsalar da, onu görə bilməzdilər, çünki onların düşüncələrində belə bir obyektin modeli yox idi. Yalnız şaman sudakı hərəkətə təəccüblənərək, bunun səbəbini aşkar etməyə çalışdıqda, gəmini görür və yalnız onu öz tayfasına təsvir etdikdən sonra onlar gəmini görə bilirlər.

Əgər meşədə yıxılan ağacın səsini eşidən yoxdursa, ağac səs çıxarırmı?

Bu, məşhur bir dzen-budda koanıdır (xüsusi tapmaca forması) və onu kabala terminləri ilə belə ifadə etmək olar: əgər yıxılan ağacın səsini qəbul edib, müəyyənləşdirən kli yoxdursa, o zaman biz haradan bilə bilərik ki, ağac, ümumiyyətlə, hər hansı bir səs çıxarıb, ya yox?

Eynilə bu şəkildə, koandan çıxan məntiqlə Kolumbun Amerikanı kəşf etməsi haqqında da belə deyə bilərik: Kolumbun kəşfinə qədər Amerika, ümumiyyətlə , mövcud idimi?

Kabala dilində desək, xarici obyekti müəyyənləşdirmək üçün daxili kli lazımdır. Əslində kelim (kli sözünün cəm şəkli) nəinki xarici reallığı müəyyənləşdirir, o, həmçinin onu yaradır! Beləliklə, Kolumbun donanması onu görən və təsvir edən hinduların yalnız düşüncələrində - daxili kelimlərində mövcud idi.

Xarici aləm adlandırıla biləcək heç bir şey mövcud deyil. Öz xüsusi quruluşuna uyğun xarici aləmi yaradan istək - kelim var. Bizdən xaricdə yalnız mücərrəd quruluş - dərkedilməz Yaradan mövcuddur. Biz öz qavrayış alətlərimizi - bizim kelimi formalaşdıraraq, öz dünyamızı yaradırıq.

Bu səbəbdən ətrafımızdakı aləmi dəyişmək, bizi əzablardan qurtarmaq barəsində Yaradana olan dualarımız bizə kömək etməyəcək. Dünya nə pisdir, nə də yaxşı - o, bizim şəxsi kelimimizin təsviridir. Nə vaxt ki, onu islah edəcəyik və gözəlləşdirəcəyik, dünya da gözəlləşəcək. Bu, bayquşun meşəni görməsi üçün gecə qaranlığının ən uyğun vaxt olmasına bənzəyir. Bizim üçün isə bu, qorxunc bir korluqdur. Reallıq sadəcə bizim daxili aləmimizin əksidir. "Real aləm" adlandırdığımız isə, yalnız bizim daxilən islah olunmağımızı və ya pisliklərimizi əks etdirir. Biz xəyallarımızda yaratdığımız bir dünyada yaşayırıq. Əgər biz bu xəyali dünyadan real dünyaya, həqiqi dərketməyə yüksəlmək istəyiriksə, o zaman özümüzü əsl modellərə uyğun olaraq dəyişməliyik.

Sonda dərk etdiyimiz hər şey daxili aləmimizə uyğun olacaq. Bizdən xaricdə, bizim hazırlıq dərəcəmizdən asılı olaraq, bizə təsir edən və daxilimizdə yeni obrazlar yaradan mücərrəd Ali Nurdan başqa, aşkar və kəşf edə biləcəyimiz heç bir şey yoxdur.

İndi isə bizə yalnız islah olunmuş kelimi haradan tapmağı aydınlaşdırmaq qalır. Onlar bizim daxilimizdə mövcuddurlarmı, yoxsa biz onları yaratmalıyıq? Əyər yaratmalıyıqsa, bunu necə edək? Növbəti bölmənin mövzusu məhz budur.

YARADILIŞ LAYİHƏSİ

Kəlim - ruhun tikinti bloklarıdır. İstəklər - tikinti materialları, kərpiclər və taxtalardır. Məqsədlər - bizim alətlərimizdir (çəkic, balta, mismar və s.).

Beləliklə, ev inşaatında olduğu kimi, işə başlamazdan əvvəl layihə ilə tanış olmaq lazımdır. Təəssüf ki, Yaradan, eyni zamanda Memar, o layihəni bizə hazır şəkildə vermək niyyətində deyil. Bunun əvəzində O bizə müstəqil olaraq ruhumuzun baş tikinti planını öyrənməyi və həyata keçirməyi təklif edir. Yalnız bu halda biz nə vaxtsa Onun İdeyasını tam anlaya və ona bənzər ola bilərik.

Yaradanın kim olduğunu anlamaq üçün biz Onun əməlləri üzərində diqqətlə müşahidə aparmalı, əməllərinə görə fikirlərini təxmin etməyi öyrənməliyik.

Kimin reallığı daha realdır

Kabalistlər bunu çox mənalı şəkildə belə ifadə edirlər: "Sənin əməllərinə görə Səni tanıyırıq".

Bizim istəklərimiz - ruhumuzun tikinti materialı artıq mövcuddur. Onlar bizə Yaradan tərəfindən bəxş olunub və biz sadəcə onlara düzgün niyyət verməliyik. O zaman ruhumuz islah olunacaq.

Yuxarıda qeyd olunduğu kimi, düzgün niyyət altruist niyyətdir. Başqa sözlə desək, biz arzu etməliyik ki, istəklərimiz özümüzün deyil, başqalarının rifahı üçün istifadə olunsun. Belə ki, islah olunmuş kli, altruist niyyətlər üçün istifadə olunan istəklərdir. Bunun əksinə olaraq, egoist niyyətlərlə istifadə olunan kli - pozulmuş klidir. Klini altruist məqsədlə istifadə etdikdə, biz istəklərimizi Yaradan kimi tətbiq edirik və beləliklə, Ona bənzəmiş oluruq. Bu yolla biz Yaradanın nə düşündüyünü öyrənmiş oluruq.

Beləliklə, yeganə problem niyyətin dəyişilməsidir, lakin bunun baş verməsi üçün istəklərdən istifadənin daha bir yolunu bilməliyik. Bizə, başqa niyyətlərin nədən ibarət olduğunu, nəyə bənzədiklərini və ya onların hansı hisslərə gətirib çıxardığını göstərən misallar gərəkdir. O zaman bizim, heç olmasa, onların bizə uyğun olub-olmadıqlarını müəyyənləşdirmək imkanımız olacaq. Əgər biz istəklərimizin başqa tətbiqi üsullarını tanımırıqsa, bildiyimiz üsulların tələsinə düşürük. Bu vəziyyətdə başqa niyyətlər tapmaq mümkündürmü? Bəlkə bu, tələdir və ya biz nəyi isə nəzərdən qaçırmışıq?

Kabalistlər izah edirlər ki, biz heç bir şeyi nəzərdən qaçırmamışıq. Bu, tələdir, lakin ölümcül tələ deyil. Əgər öz reşimotlarımızın yolu ilə getsək, digər niyyətin nümunəsi öz-özünə yaranacaq. İndi isə gəlin reşimotun nə olduğunu və onun bizi tələdən necə qurtara biləcəyini aydınlaşdıraq.

REŞİMOT: GERİYƏ - GƏLƏCƏYƏ QAYITMAQ...

Reşimot keçmiş vəziyyətlərin, məlumatların, xatirələrin, bir növ, yazılı formasıdır. Ruhun ruhaniyyət yolunda keçdyi hər bir reşimo ("reşimot" sözünün tək halı), xüsusi məlumatlar toplusunda saxlanılır.

Biz ruhaniyyət pillələri ilə yüksəlməyə başladıqda, bizim yolumuz məhz bu reşimotdan ibarətdir. Onlar bir-birinin ardınca açılır və biz onları yenidən yaşayırıq. Hər bir reşimonu nə qədər tez yaşayıb bitirsək, digərinə o qədər tez keçərək, sonrakı, daha yüksək pilləyə adlaya bilərik.

Reşimotun ardıcıllığını dəyişmək olmaz. O, artıq bizim ruhaniyyət pillələrindən tədricən endiyimiz zaman müəyyənləşdirilib. Bununla belə, biz onların hər biri ilə nə edəcəyimizə qərar verə bilərik. Əgər biz özümüzü passiv apararaq, onların nə zaman qurtaracağını gözləsək, çox uzun bir müddət keçəcək. Həm də bu proses çox ağrılı ola bilər. Bu səbəbdən passiv yanaşma "əzablar yolu" adlanır.

Digər tərəfdən, biz aktiv yanaşma yolu ilə hər bir reşimoya "məktəbdə keçirdiyimiz daha bir gün kimi" baxaraq, Yaradanın bizə nə öyrətmək istədiyini anlamağa çalışa bilərik. Əgər biz unutmasaq ki, dünyamız ruhaniyyətdə baş verən hadisələrin nəticəsidir, o zaman bu, reşimot dəyişmələrinin sürətlənməsi üçün kifayət edər. Belə aktiv yanaşma "nurun yolu" adlanır, çünki bu halda bizim səylərimiz Yaradanla, Nurla əlaqəyə girməyə zəmin yaradır. Halbuki, passiv yanaşmada biz yalnız özümüzün hazırkı halımızla əlaqədə oluruq.

Bizim səylərimizin faktiki cəhətdən müvəffəqiyyətli olması vacib deyil, əsas - səy göstərməkdir. Yaradana bənzəyərək, altruist olmaq istəyimizi artırmaqla, biz daha yüksək ruhaniyyət hallarına bağlanırıq.

Ruhaniyyət yolunda yüksəliş tədris prosesində uşaqların böyükləri təqlid etmək xüsusiyyətlərinə əsaslanmasına oxşayır. Uşaqlar böyükləri təqlid etməklə, özləri də anlamadan özlərində öyrənmək, oxumaq arzusu yaradırlar. Bu o demək deyil ki, onlar öyrənməyin onların böyümələrinə kömək edəcəyini başa düşürlər - onlar sadəcə bilmək istəyirlər. Bilmək istəyi növbəti reşimonun oyanması üçün kifayətdir.

Kimin reallığı daha realdır

Buna başqa bir bucaqdan baxaq: uşaqda ilkin öyrənmək istəyi ona görə yaranmırdı ki, bu, onun öz seçimi idi. Sadəcə, onda açılmış hazırkı reşimo öz işini artıq bitirdiyindən, özündən sonra gələn növbəti reşimonu onu tanımalarını istəməyə bir növ "vadar" edir. Beləliklə, uşağın reşimonu açması üçün uşaqda həmin reşimonun özündə nə gizlətdiyini öyrənmək istəyi yaranmalıdır.

Ruhaniyyət reşimoları bizə məhz bu qaydada təsir edir. Əslində biz, bu barədə və ruhi aləmlər haqqında yeni heç bir şey öyrənmirik, sadəcə geriyə, keçmişə doğru qayıtmaq üçün çabalayırıq.

Yaradan kimi, daha çox verməyi arzu etməklə, biz daim özümüzü sınayaraq, nə dərəcədə ruhaniyyət əlaməti olan (altruist) xüsusiyyətlərə uyğun olub-olmadığımızı müşahidə etməliyik. Bu halda böyük altruistlər olmaq istəyi, Yaradanla müqayisədə özümüzü daha dəqiq qavramağa kömək edir.

Əgər biz eqoist olaraq qalmaq istəmiriksə, o zaman altruist olmağın nəyə bənzədiyini bizə göstərən reşimot daha tez bizim istəyimizi oyadacaq. Hər dəfə biz hər hansı bir istəyin eqoistcəsinə istifadə olunmasını arzulamadığımız haqqında qərar qəbul edərkən belə hesab olunur ki, həmin vəziyyətin reşimosu öz vəzifəsini yerinə yetirmişdir və öz yerini növbəti reşimoya verərək gedir. Bizdən yalnız belə bir islah tələb olunur. Baal Sulam bu prinsipi belə ifadə edir: "Eqoizmə nifrət - artıq onu islah etmək deməkdir."

Kabalanın təzahürü

Sonra o, fikrinə davam edərək aydınlaşdırır: "Əgər iki insan eyni şeylərdən nifrət edib, eyni şeyləri sevdikləri anlamına gəlsələr, o zaman onların arasında əbədi, qırılmaz bir bağ yaranar. Deməli, Yaradan verməyi sevdiyi üçün, ondan aşağıda olanlar da vermək istəyinə alışmalıdırlar. Bununla yanaşı, Yaradan almağa nifrət edir, çünki O, tamdır və heç bir şeyə ehtiyacı yoxdur. Deməli, insan da özü üçün almaq istəyindən nifrət etməlidir. Bütün bu deyilənlərdən məlum olur ki, insanlar almaq istəyinə qarşı güclü bir nifrət hiss etməlidirlər, çünki dünyanın bütün bəlalarının səbəbi məhz ondadır. Yalnız bu cür nifrət hissi onları islah edə bilər".

Beləliklə, biz yalnız bu istiqamətdəki həvəsimizlə, Adam Rişonun ruhuna bağlı olduğumuz dövrlərdən bizdə qalmış daha altruist reşimonun oyanmasını təmin etmiş oluruq. Bu reşimo bizi islah edir və Yaradana yaxınlaşdırır. Deməli, birinci hissədə dediyimiz kimi, istək (kli) dəyişikliklərin təkanverici qüvvəsi olmaqla yanaşi, eyni zamanda islah vasitəsidir. Biz öz istəklərimizi boğmamalıyıq. Sadəcə onların üzərində elə çalışmalıyıq ki, özümüzə də, başqalarına da xeyir gətirsin.

NƏTİCƏLƏR

Düzgün dərketmədə üç məhdudiyyəti nəzərə almaq lazımdır:

1. Dərketmənin dörd kateqoriyası var: a) materiya; b) materiyanın quruluşu; c) mücərrəd forma; e) mahiyyət. Biz bunlardan yalnız ilk ikisini qavrayırıq.

2. Mənim dərketməm mənim ruhumda baş verir. Mənim dünyam - mənim ruhumdur. Xarici aləm isə o qədər mücərrəddir ki, hətta mən onun mövcud olub-olmadığından belə əmin deyiləm.

3. Dərk etdiyim hər bir şey mənə aiddir və mən onu kiminləsə bölüşməyə qadir deyiləm. Mən keçirdiyim həyəcanlar haqqında başqalarını mə-

lumatlandıra bilərəm, lakin onlar eyni vəziyyətlərdə mənim hisslərimdən fərqli hisslər keçirəcəklər.

Mən, daxili ölçü cihazlarımın xüsusiyyətlərindən asılı olaraq, dərk etdiyim və mənimsədiyim hər bir şeyi təyin edib qiymətləndirirəm. Əgər onlar qüsurludurlarsa, mənim ölçmələrimin nəticələri də qüsurlu olacaq və deməli, qavradığım aləmin təsviri də qüsurlu və təhrif olunmuş olacaq.

Hazırda biz dünyanı beş hissiyyat orqanımız vasitəsi ilə qiymətləndiririk, lakin düzgün qiymətləndirmə üçün bizə altıncı hiss lazımdır. Aydındır ki, altıncı hiss fizioloji hiss deyil, ruhi hiss olan niyyətdir. Niyyət bizim öz istəklərimizi hansı məqsədlə istifadə etməyimizlə əlaqədardır. Onları eqoist almaq məqsədi ilə deyil, altruist vermək məqsədi ilə istifadə etdikdə, biz böyük bir aləmə yüksəlmiş oluruq. Məhz bu səbəbdən yeni niyyət "altıncı hiss" adlanır.

İstəklərimizə altruist don geyindirməklə biz onları Yaradanın istəklərinə bənzətmiş oluruq. Bu bənzərlik Yaradanla məxluqların "quruluş bənzərliyi" adlanır. Bu bənzərliyə malik olan, Yaradan kimi dərketmə və qavrayışa sahib olur. Məhz bu səbəbdən yalnız altıncı hiss (Vermə niyyəti), bizə həqiqətən bu dünyada özünü necə aparmağı öyrənmək imkanı verir.

Kimin reallığı daha realdır

Yeni bir istək yarandıqda, əslində o, yeni deyil - bu istək artıq bizdə mövcud olub və bizim ruhumuzun məlumatlar toplusunda qeyd olunub. Həmin topludakı xatirələrin yazılış forması reşimot adlanır. Reşimot zənciri bizi birbaşa ən yüksək pilləyə - Yaradılış Layihəsinə doğru aparır və biz nə qədər sürətlə yüksəliriksə, o qədər tez, əziyyətsiz olaraq bizim üçün əvvəlcədən yazılanlara gəlib çatırıq. Reşimolar bir-birinin ardınca, mənbəyini götürdüyü bizim ruhaniyyətə doğru irəliləmək istəyimizin sürətinə uyğun olaraq açılır. Biz hər bir reşimonu anlayıb, ondan dərs aldıqca, o, daha sürətlə həll olunur və onun dərk olunduğu vəziyyətə (hansı ki, artıq mövcuddur) çatmış oluruq. Bir reşimonu həyata keçirən kimi ardınca növbəti reşimo açılır və beləliklə, bu hallar bütün reşimot aydınlaşdırılıb öyrənilənə qədər davam edərək, bizi islahın sonuna gətirib çıxarır.

VI HİSSƏ

AZADLIĞA APARAN YOL DARISQALDIR

Azadlığa aparan yol darısqaldır

Bəlkə də siz artıq kabala haqqında çox şey bildiyinizə təəccüblənəcəksiniz. Gəlin öyrəndiklərimizi təkrarlayaq. Siz öyrəndiniz ki, kabala 5000 il bundan əvvəl Mesopotamiyada (indiki İraq ərazisində) yaranıb. İnsanlar həyatın mənasını axtarmağa başladıqda, kabala meydana çıxdı. İnsanlar başa düşdülər ki, onlar həyata gələndə üzərlərinə düşən vəzifə, ali zövq almaqdan - Yaradana bənzər olmaqdan ibarətdir. Onlar bunu dərk edən kimi, təlim qrupları ya-radaraq, bu müdrikliyi yaymağa başladılar.

İlk kabalistlər bizim beş səviyyədən (cansız, bitkilər, heyvanlar, nitqə malik olanlar və ruhi aləmlər) ibarət zövq almaq istəyindən yaradılmış olduğumuzu deyirdilər. Almaq istəyi bizim aləmdə istənilən fəalliyyətin təkanverici qüvvəsi olduğundan, çox vacibdir. Başqa sözlə desək, biz həmişə həzz almağa çalışırıq və nə qədər çox həzz alırıqsa, o qədər də çox arzulayırıq. Nəticədə biz daim inkişaf edərək dəyişirik.

Daha sonra öyrəndik ki, Yaradılışın formalaşması dörd mərhələdən keçmişdir: Mənbə (Nurun və Yaradanın sinonimi) Almaq istəyi yaratdı, bu istək vermək istədi, bunun üçün almaq istəyindən vermə üsulu kimi istifadə etdi və nəhayət, yenidən almaq istədi, lakin bu dəfə - Yaradan (Verən) olmaq üçün lazım olan bilikləri əldə etmək məqsədilə almaq istədi.

Bu dörd mərhələni keçərkən, almaq istəyi beş aləmə və bir Ruha - Adam Rişona bölündü.Sonra Adamın bölünməsi və onun bizim aləmdə maddiləşməsi prosesi baş verdi. Başqa sözlə -biz əslində hamımız bir Ruhu təşkil edirik, bədənin hüceyrələri kimi bir-birimizlə qarşılıqlı əlaqədəyik, lakin Almaq istəyi artdıqca, biz daha çox eqosentrizmə yuvarlanır, birlik hissimizi itirirdik. Nəticədə, bu gün biz yalnız özümüzü hiss edirik və hətta əgər başqaları ilə hər hansı bir qarşılıqlı əlaqəyə giririksə, bunu yalnız bir məqsədlə - onların vasitəsilə həzz almaq üçün edirik.

Bu cür eqoist vəziyyət "Adam Rişonun ruhunun parçalanması" adlanır və bizim vəzifəmiz, bu ruhun kiçik bir zərrəciyi olduğumuz üçün, onu islah etməkdir. Əslində, biz onu islah etməli deyilik, sadəcə anlamalıyıq ki, almaq istəyinin qanununa görə (istədiyini əldə etdikdən sonra, daha onu arzu etmirsən), biz hazırkı halımızda əsl zövq almaq qabiliyyətinə malik deyilik. Bunu dərk etdiyimiz anda biz bu qanunun tələsi olan eqoizmdən çıxış yolu axtarmağa başlayacağıq.

Eqoizmdən azad olmaq hissi "qəlbdəki nöqtə"nin oyanmasına - ruhaniyyətə can atmağa səbəb olur. "Qəlbdəki nöqtə", istənilən istək kimi, ətrafın təsirindən asılı olaraq, artıb-azala bilər. Deməli, ruhaniyyətə olan həvəsimizi artırmaq istəyiriksə, o zaman biz ozümüz üçün onun inkişafına şərait yaradan ətrafı təmin etməliyik. Kitabımızın bu son, lakin ən vacib hissəsində, uyğun ətrafın yaradılması üçün şəxsi, ictimai və beynəlxalq səviyyələrdə nə etmək lazım olduğu barədə danışacağıq.

SÜBH ÖNCƏSİ ZÜLMƏT

Sübh açılmamışdan əvvəl qaranlıq daha da zülmət olur. "Zoar"ın müəllifləri 2000 il bundan əvvəl analoji olaraq, qeyd etmişlər ki, bəşəriyyət tarixində ən qaranlıq dövr onun ruhi oyanışından öncə olacaqdır. Əsrlər boyu, "Həyat Ağacı" kitabının müəllifi olan Aridən başlayaraq, bütün kabalistlər "Zoar"da bəhs edilən dövrün XX əsrin sonu olacağını təsdiqləyirdilər. Onlar bu dövrü "son nəsil" adlandırırdılar.

Kabalistlər heç də bizim hamımızın böyük bir apokalipsistik kataklizmdə çürüyəcəyimizi nəzərdə tutmurdular. Kabalada nəsil anlayışı bəşəriyyətin ruhi halını ifadə edir. Son nəsil - əldə edilməsi mümkün olan sonuncu ən yüksək haldır. Bununla kabalistlər təsdiq edirdilər ki, XXI əsrin əvvəli - ruhaniyyətin zirvəsinə qalxmağa hazır olan bir nəslin yarandığı dövrdür.

Bununla belə, onlar eyni zamanda qeyd edirdilər ki, biz xoşbəxt bir gələcək istəyiriksə, əvvəlki qaydada inkişaf edə bilmərik. Bu gün, əgər biz düzgün istiqamətdə inkişaf etmək istəyiriksə, şüurlu, könüllü seçim etməyimiz vacibdir.

Könüllü seçimi olan yeni bir nəslin əmələ gəlməsi prosesi, bütün başlanğıclar kimi, heç də asan deyil. Son zamanlara qədər bizim ruhaniyyətlə əlaqəsi olmayan, yalnız dünyəvi, aşağı səviyyəli istəklərimizin (cansız səviyyədən nitqə malik olanların səviyyəsinə qədər) inkişafı baş verirdi. İndi isə, ruhaniyyət reşimotu (və ya ruhaniyyət genləri) hər bir insanda açılaraq reallaşdırılmasını tələb edir.

Bu reşimot ilk dəfə özünü göstərdikdə, bizim əlimizdə onunla işləmək üçün uyğun bir metod olmur. Onlar tətbiq olunmazdan əvvəl öyrənilməsi tələb olunan yeni texnologiyalara bənzəyirlər. Deməli, təlim prosesində biz aşağı səviyyəli istəklərin təbiətini dərk etməkdə kömək edən köhnə təfəkkür qaydasından istifadə etməkdə davam edərək, eyni zamanda, yeniliyi aşkarlamağa çalışırıq. Təəccüblü deyil ki, bu üsul işləmir və biz məyus oluruq.

Bu reşimot açıldığı zaman, o, özünə inamsızlıqdan tutmuş ümidsizliyə qədər müxtəlif hisslərdən keçir. Bu, insanın öz yeni istəklərinə necə münasibət bəsləyəcəyini başa düşənə qədər davam edir. Bu, adətən, birinci hissədə deyildiyi kimi, ilkin vəzifəsi ruhaniyyət reşimotu ilə işləmək olan kabalanın müdrikliyi açılmağa başladığı andan baş verir.

İnsan problemlərin həlli yollarını tapmağa qadir deyilsə, özündə yeni istəkləri boğmağa, özünü bütünlüklə işə sərf etməyə və ya müxtəlif zərərli vərdişlərə qurşanaraq, bir problemləri ört-basdır etməyə çalışır. O, bu yolla sanki sağalmaz bir xəstəliklə necə mübarizə aparmağı öyrənmək zərurətindən qaçmağa çalışır.

Bu cür böhran şəxsi səviyyədə ağır iztirablara səbəb ola biləcəyi halda, sosial quruluşun dayanıqlığını pozmaq üçün ciddi problem hesab olunmur. Bununla belə, reşimot milyonlarla insanda, xüsusilə, müxtəlif ölkələrdə eyni zamanda açıldığı zaman qlobal böhran açıq şəkildə ortaya çıxır. Qlobal böhran isə qlobal həll yolları tələb edir.

Tam aydındır ki, bəşəriyyət artıq bu gün belə bir vəziyyətlə qarşılaşıb. ABŞ-da və digər inkişaf etmiş ölkələrdə depressiya ən yüksək səviyyəyə çatıb. Beynəlxalq Səhiyyə Təşkilatının 2001-ci il hesabatına görə, "depressiya bir çox ölkələrdə iş qabiliyyətinin itirilməsinin əsas səbəbini təşkil edir."

Müasir cəmiyyətin ən ciddi problemlərindən biri də uyuşdurucu maddələrin istifadəsinin həddən artıq artmasıdır. Uyuşduruculardan tarix boyu istifadə olunub, lakin bu, adətən, tibbdə və magiyada istifadə olunardı. Halbuki bu gün onların istifadəsi daxili boşluq, lazımsızlıq hissindən qaçmaq üçün uyuşduruculara əl atan gənclər arasında daha geniş vüsət alıb. Depressiya dərinləşdikcə uyuşdurucuflardan istifadə və bununla bağlı cinayət halları da artmağa başlayır.

Böhranın daha bir aspekti - ailə problemləridir. Ailə institutu həmişə stabillik, isti ocaq, təhlükəsizlik rəmzi olduğu halda, müasir dövrdə, demək olar ki, öz əhəmiyyətini itirmişdir. Milli Tibbi Statistika Mərkəzinin məlumatına görə, hər ikinci cütlük boşanma prosesindən keçir və bu göstəricilər bütün qərb dünyası üçün aktualdır.

Bundan başqa, cütlüklər boşanma qərarı verərkən bu ağır böhrandan münaqişə yolu ilə keçmələri heç də vacib deyil. Bu gün 50-60 yaşlı cütlüklər belə, övladları böyüyüb, evi tərk etdikdən sonra bir yerdə yaşamaq üçün səbəb tapmırlar. Maddi gəlirləri stabil olduğu halda, onlar bir neçə il əvvəl bu yaş üçün qəbuledilməz addım sayılan, həyatlarında yeni səhifə açmaqdan belə çəkinmirlər. Bu hallarla əlaqəli hətta belə bir ifadə yaranıb: "boşalmış yuva sindromu". Əslində bütün bunların əsl səbəbi ondan ibarətdir ki, övladlar evi tərk etdikdən sonra bir-birini sevməyən cütlükləri artıq bağlayan heç bir şey qalmır.

Baxın, əsl boşluq məhz budur - sevginin olmaması... Yada salsaq ki, biz vermək istəyi olan bir qüvvə tərəfindən eqoist yaradılmışıq, o zaman işıq ucu görünür: biz, əvvəl-axır müəyyən səylər göstərməklə, bu problemi həll edə biləcəyik.

Azadlığa aparan yol darısqaldır

Bununla belə, müasir dövrdə yaranan bu böhran qlobal və çoxşaxəli olduğundan onun tənzimlənməsi çətinləşir. Qlobal böhran insan həyatının, demək olar ki, bütün sahələrini - şəxsi, ictimai, beynəlxalq, elm, mədəniyyət və hətta planetin iqlimini belə əhatə edir. Məsələn, bir neçə il əvvəl danışmağa söz tapılmayan zaman "iqlim" mövzusu xilasedici bir mövzu olduğu halda, bu gün bu mövzuda hər hansı mühakimə yürütmək üçün, biz iqlimin incəliklərindən yaxşı baş çıxarmalıyıq. İqlim dəyişiklikləri, qlobal istiləşmə, dünya okeanının səviyyəsinin qalxması, qasırğaların sayının artması müasir dövrün ən aktual problemlərinə çevrilib.

Cefri Liin planetin vəziyyəti haqqında "İndependent" qəzetinin 2005-ci il, 20 noyabr nömrəsində çap etdirdiyi məqaləni kinayə ilə "Böyük istiləşmə" adlandırmışdı: "Qrenlandiyanın buzları ərisə, qlobal fəlakət baş verəcək. Alimlər isə deyirlər ki, buzlar gözlənildiyindən daha tez əriməyə başlamışdır".

İqlim dəyişiklikləri diqqəti cəlb edən yeganə bəla deyil. Kaliforniya universitetinin tədqiqatlarının 2006-cı il, 22 iyunda "Neyçer" jurnalında çap olunan nəticələrində deyilir ki, Can Andreas yarğanında dünyada növbəti böyük fəlakətə səbəb ola biləcək kifayət qədər gərginlik toplanmışdır. Kaliforniya universitetinin nəzdindəki Skripps okeanoqrafiya institunun professoru Yuri Fialkonun dediyinə görə, "yarğan çox vacib seysmik təhlükə olmaqla, növbəti böyük bir zəlzələyə təkan verə bilər".

Əlbəttə ki, biz hətta qasırğalara, zəlzələlərə, dənizlərdə suyun səviyyəsinin qalxmasına üstün gəlsək belə, həmişə bizə həyatın planlaşdırdığımızdan daha qısa ola biləcəyini xatırladan yerli bir Ben Laden tapılacaq.

Nəhayət, bunlardan o qədər də az əhəmiyyətli olmayan daha bir məsələ: insanın sağlamlığı ilə bağlı olan və diqqət tələb edən problemlər - QİÇS, quş qripi, əlbəttə ki, "köhnə qvardiya"-xərçəng, ürək-damar xəstəlikləri, diabet və s. mövcuddur. Bu sırada bir çox başqa xəstəliklərin də adlarını sadalamaq olar, lakin siz, mahiyyəti anladınız. Göstərilən problemlər içərisində sadalanan xəstəliklərin bəziləri yeni deyil, lakin onlar bütün yer üzünə çox sürətlə yayılmaları səbəbindən bir daha xatırlanır.

Nəticə: qədim bir Çin atalar sözündə deyilir: "Birini lənətləmək istədikdə, ona dəyişikliklər dövründə yaşamağı arzu et." Biz əslində belə bir dövrdə yaşayırıq, lakin bu bizim lənətimiz deyil. "Zoar" kitabında deyildiyi kimi,"bu, sübh öncəsi zülmətdir". İndi isə, gəlin görək, problemin həlli var, ya yox.

Azadlığa aparan yol darısqaldır

GÖZƏL ALƏMİN DÖRD ADDIMLIĞINDA

Dünyanı dəyişmək üçün dörd addım atmaq lazım gələcək:

1. böhranın mövcudluğunu qəbul etmək;
2. böhranın səbəblərini aydınlaşdırmaq;
3. böhranın ən doğru həlli yollarını müəyyən etmək;
4. böhranın aradan qaldırılması planını işləyib hazırlamaq.

1. Böhranın mövcudluğunu qəbul etmək

Müəyyən səbəblər üzündən çoxları hələ də böhranın mövcudluğundan heç şübhələnmirlər də. Dövlətlər və beynəlxalq korporasiyalar birləşərək, ciddi surətdə problemin həlli yollarını tapmalıdırlar, lakin maraqların toqquşması birləşməyə imkan vermir. Bundan əlavə, bir çoxları yaranmış vəziyyətin hər birimizə şəxsən təsir edəcəyini başa düşmədiklərindən, böhran daha da dərinləşmədən onu həll etməyin vacib olduğunu hesab etmirlər.

Bununla belə, ən böyük problem ondadır ki, biz keçmişdə olan təhlükəli vəziyyətlər, fəlakətlər haqqında xatirələri qoruyub saxlamamışıq. Buna görə də hazırkı vəziyyəti düzgün qiymətləndirə bilmirik. Demək olmaz ki, əvvəllər fəlakətlər baş vermirdi. Sadəcə olaraq, indi onlar gözlənilmədən insan həyatının bütün sahələrini və bütün yer üzünü bürüyüb.

2. Böhranın səbəblərini aydınlaşdırmaq

Böhran iki elementin toqquşmasında və qalibin məğlub olan tərəfə öz qaydalarını qəbul etdirmək istədiyi zaman baş verir. İnsan xisləti və ya eqoizm təbiətə və ya altruizmə qarşı öz əksliyini göstərir. Bu səbəbdən bir çox insanlar ümidsizlik, ruh düşkünlüyü, inamsızlıq və məyusluq hissi keçirirlər. Qısası - böhran, əslində bizdən xaricdə baş vermir, O, əslində müəyyən bir fiziki məkanı əhatə etsə də, böhran bizim daxilimizdədir. Böhran Xeyirlə (altruizm) Şərin (eqoizm) nəhəng mübarizəsini özündə əks etdirir. Acınacaqlı haldır ki, biz əsl realiti-şouda "pis oğlanlar" rolunu oynamalı oluruq. Bununla belə, ümidinizi itirməyin: istənilən tamaşada olduğu kimi, bizi xoşbəxt sonluq gözləyir.

3. Böhranın ən doğru həlli yollarını axtarıb tapmaq

Böhranın gizli səbəbini, yəni eqoizmi nə qədər tez aşkar etsək, özümüzü və cəmiyyəti dəyişməyin vacibliyini o qədər aydın başa düşmüş olarıq. Bunu etdikdə, böhranı zəiflətməklə, biz sosial və ekoloji problemlərin daha müsbət, daha konstruktiv həlli yollarını tapmış olarıq. Seçim azadlığı mövzusunu tədqiq edərkən, biz bu dəyişikliklər haqqında daha ətraflı danışacağıq.

4. Böhranın aradan qaldırılması planını hazırlamaq

Planın ilk üç mərhələsini yerinə yetirməklə, biz onu daha dəqiqliklə təsvir edə bilərik. Bununla belə, ən mükəmməl layihə də, xalq tərəfindən tanınmış və qəbul edilmiş təşkilatların fəal köməyi olmadan həyata keçirilə bilməz. Deməli, bu layihəyə alimlər, siyasətçilər, BMT, kütləvi informasiya vasitələri və ictimai təşkilatlar tərəfindən genişmiqyaslı beynəlxalq dəstək göstərilməlidir.

Əslində biz, bir istək səviyyəsindən digərinə keçdiyimiz üçün, ilk dəfə olaraq, ruhaniyyət səviyyəli istəklərdən söhbət gedir. Əgər biz bu səviyyədə yerləşdiyimizi unutmasaq, o zaman onunla artıq əlaqə yaratmış olanların dərketməsindən bu gün elmi göstəricilərdən istifadə etdiyimiz kimi yararlana bilərik. Ruhaniyyət aləmlərinə (bizim dünyamızın mənbəyinə) yüksəlmiş kabalistlər, reşimotu (ruhaniyyətin köklərini), hazırkı vəziyyətləri yaradan səbəbləri görərək, rastlaşdığımız problemlərdən çıxış yollarını bizə göstərə bilərlər. Beləliklə, biz baş verənlərin səbəbini və mənfi halların dəf olunması üsullarını bilməklə asanlıqla və tez bir zamanda böhranın öhdəsindən gələ bilərik. Bunun haqqında belə düşünün: əgər sizə harada isə sabah oynanılacaq lotoreyanın nəticələrini bilən insanların mövcudluğu məlum olsaydı, gediş edərkən onların yanınızda olmasını istəməzdinizmi?

Burada heç bir tilsim yoxdur - yalnız ruhaniyyət aləmində baş verənlərin oyun qaydalarını bilmək tələb olunur. Əgər yaranmış vəziyyətə kabalistlərin nəzərləri ilə baxsaq, heç bir böhran yoxdur, sadəcə olaraq biz, istiqamətimizi bir qədər itirdiyimizdən, səhv rəqəmlərə bank qoyuluşu edirik. Düzgün istiqamət tapdığımızda, böhranın (əslində mövcud olmayan) həlli çətinlik təşkil etməyəcək (lotoreyada uduş kimi). Kabala biliklərinin gözəlliyi ondadır ki, müəlliflik hüquqları onlara aid edilmir - onlar hər kəsin mülkiyyətidir.

ÖZ İMKANLARININ HÜDUDLARINI DƏRK ET

İlahi, həyatımda mənə dəyişə biləcəklərimi dəyişməyə güc, dəyişə bilməyəcəklərimi qəbul etməyə cəsarət və birini digərindən ayırmaq üçün müdriklik ver.

Qədim dua

Bizim nöqteyi-nəzərimizcə, biz qeyri-adi və sərbəst fəaliyyət göstərən şəxsiyyətlərik. Bu, ümumi, hamı tərəfindən qəbul edilmiş bir təsəvvürdür. Görün, insan nəsli bu gün sahib olduğu məhdud azadlığa çatmaq üçün neçə yüzilliklər davam edən mübarizələrdən keçmişdir.

Bununla belə, biz azadlıq itkisindən əzab çəkən yeganə xilqətlər deyilik. Heç bir xilqət mübarizəsiz təslim olmur. Kabalalaşmanın istənilən formasına müqavimət anadangəlmə, təbii xüsusiyyətdir. Bununla belə, hətta biz bütün xilqətlərin azadlıq hüquqlarının olduğunu qəbul etsək də, onun real mənasını anlamırıq və yaxud onunla insan eqoizminin islah olunması arasında əlaqəni görmürük.

Əgər özümüzdən azadlığın əsl mənasını soruşmuş olsaq, böyük ehtimalla, onun haqqında indiki təsəvvürlərimizin yalnız az bir qisminin qaldığını aşkar etmiş olarıq. Məhz bu səbəbdən azadlıqdan danışmazdan əvvəl, onun nə olduğunu öyrənmək lazımdır.

Azadlığın mənasını anlayıb-anlamadığımızı başa düşmək üçün daxili aləmimizə nəzər yetirərək, heç olmasa bir dəfə azad, müstəqil hərəkət etməyə qadir olub-olmadığımızı araşdıraq. Daim artan almaq istəyimiz, bizi durmadan daha yaxşı və daha xoş həyat axtarışlarına sövq edir, lakin bu bizi qapalı çevrəyə salır və seçmək imkanından məhrum edir.

Digər tərəfdən, əgər almaq istəyi bütün bəlaların mənbəyidirsə, bəlkə onu "nəzarətdə" saxlamağın bir yolu var? Əgər bunu etməyi bacarsaq, o zaman bütün prosesə nəzarət edə bilərikmi? Əks halda, oyun başlamadan uduzula, bitə bilər.

Beləliklə, biz uduzuruqsa, o zaman qalib kimdir? Biz kiminlə (və ya nə ilə) yarışırıq? Biz öz işlərimizə elə aludə oluruq ki, sanki ətraf aləmdə baş verən hadisələr bizim qərarlarımızdan asılıdır. Bu, həqiqətən də belədirmi? Bəlkə həyatımızda nə isə dəyişmək cəhdlərini bir kənara qoyub, sadəcə ümumi axınla hərəkət etsək, daha yaxşı olar?

Azadlığa aparan yol darısqaldır

Bir tərəfdən, qeyd etdiyimiz kimi, bütün təbiət obyektləri istənilən növ tabeçiliyə qarşı müqavimət göstərirlər. Digər tərəfdən, təbiət bizdən, nə zaman müstəqil (əgər bu, ümumiyyətlə, mümkündürsə) olduğumuzu, nə zaman isə gözəgörünməz Kuklaoynadan tərəfindən bizdə azadlıq illüziyasının yaradıldığını gizlədir. Hətta, əgər təbiət Yaradanın düşüncəsinə uyğun yaşayırsa, bu suallar və qeyri-müəyyənlik onun bir hissəsi deyilmi? Çox güman ki, bizim çaşqınlıq və qarışıqlıq hiss etməyimizin gizli bir səbəbi var. Bəlkə, qarışıqlıq və məyusluq hallarımız, Kuklaoynadanın bizə: "Eyy, hara getdiyinizə diqqətlə baxın, əgər məni axtarırsınızsa, o zaman istiqamətiniz düzgün deyil" - demək üsuludur.

Cox az insan həqiqətən də azmış olduğunu etiraf edə bilər. Bununla belə, istiqamətimizi təyin etmək üçün biz, nəzərlərimizi hansı səmtə çevirdiyimizi bilməliyik. Bu, nəticəsiz, boş cəhdlərə sərf olunan illərə qənaət etməyə kömək edər. Yaxşı olar ki, ilk növbədə hansı hallarda azad, müstəqil seçim etməkdə sərbəst olub, hansı hallarda isə sərbəst olmadığımızı müəyyən edək. Bunu dərk etdiyimiz zaman səylərimizi haraya yönəltməli olduğumuzu anlayacağıq.

"HƏYATIN YÜYƏNİ"

Təbiət həzzalma və əzab qanunlarına tabedir. Əgər məxluqun yeganə materialı həzz almaq istəyidirs, o zaman Təbiətə yalnız idarəetmə qanunlarından: həzzə cəlbetmə və əzabdan qaçma qanunlarından istifadə etmək qalır.

İnsanlar da du qanunlara tabedirlər. Biz hər bir addımımızı müəyyən edən, əvvəlcədən tərtib olunmuş bir layihə üzrə hərəkət edirik: biz az işləyib, daha çox almağa və mümkün qədər hər şeyi havayı əldə etməyə çalışırıq! Məhz bu səbəbdən biz istənilən hərəkətimizdə, hətta bəzən özümüz də bunu dərk etmədən, həzz almağı seçərək, əzablardan qaçmağa çalışırıq.

Hətta bəzən bizə elə gəlir ki, özümüzü qurban veririk. Əslində o an biz bütün digər seçimlərimizdən daha çox həzz almış oluruq. Bizə bunu altruist niyyətlə etdiyimizi düşünərək özümüzü aldatmaq həqiqəti etiraf etməkdən daha xoşdur. Vaxtilə Aqnes Replierin dediyi kimi: "Heç bir çılpaqlıq çılpaq həqiqət qədər etiraza səbəb olmur."

Üçüncü hissədə qeyd etdiyimiz kimi, ikinci səviyyə vermək istəyidir, baxmayaraq ki, burada birinci səviyyədə olan almaq istəyi də var. Belə ki, bir-birinə vermək istəyinə yönəlmiş altruist hərəkətlərin mənbəyi məhz bundadır.

Biz görürük ki, bizim bütün hərəkətlərimiz yalnız "mənfəətimizə" yönəlmişdir, məsələn, mən məhsulun dəyərini onu əldə etdiyim zaman alacağım mənfəətlə müqayisə edirəm. Əgər mən həmin əşyanı mənimsəməkdən alacağım həzz hissinin (və ya əzabın olmaması) onun qiymətindən yüksək olduğunu hesab edirəmsə, o zaman daxili brokerimə "Al!" deyə əmr edirəm.

Biz üstünlüklləri dəyişə, xeyir və şər haqqında digər təsəvvürləri mənimsəyə, özümüzdə qorxmazlıq hissini "məşq elətdirə" bilərik. Hətta istənilən məqsədi o qədər vacib hesab edə bilərik ki, onu əldə etmək yollarındakı bütün çətinliklər və maneələr bizə əhəmiyyətsiz görünə bilər. Məsələn, əgər məni məşhur bir həkim olmaq, cəmiyyətdə müəyyən yer tutmaq və yaxşı gəlir maraqlandırırsa, o zaman gələcək məşhurluq və zənginlik naminə, bir neçə il tibb institutunda dayanmadan təhsil alıb, sonra daha bir neçə il təcrübə keçərkən yuxusuzluqdan əziyyət çəkəcəyəm.

Kabalanın təzahürü

Bəzən uzaq, xoşbəxt gələcək naminə bu gün çəkilən əziyyətlər o qədər təbii hala çevrilir ki, buna necə nail olduğumuzu belə anlamırıq. Məsələn, xəstələndiyim zaman məni yalnız cərrahi əməliyyatın xilas edəcəyini öyrəndikdə, buna böyük sevinclə razılıq verirəm. Hətta əməliyyat kifayət qədər riskli və əziyyətli olsa da, o, xəstəlikdən daha təhlükəli deyil. Bəzi hallarda insanlar, belə bir sınaqdan keçmək üçün hətta böyük məbləğlər ödəməyə belə hazırdırlar.

CƏMİYYƏTİ DƏYİŞMƏKLƏ ÖZÜNÜ DƏYİŞMƏK

Təbiət bizi nəinki daim əzablardan uzaqlaşaraq, durmadan həzzalma hissinin arxasınca qaçmağa "məhkum" edib, eyni zamanda, hansı həzzləri istədiyimizi təyin etmək qabiliyyətindən də məhrum edib. Başqa sözlə desək, biz öz istəklərimizi idarə etmirik. Onlar bizim rəyimizi sormadan, xəbərdarlıq etmədən meydana çıxırlar.

Bununla yanaşı, təbiət bizim istəklərimizi yaratdıqda onların üzərində müəyyən bir idarəetmə üsulu da verib. Əgər biz bir ruhun - Adam Rişonun hissəcikləri olduğumuzu yadda saxlasaq, o zaman görərik ki, öz şəxsi istəklərimizi bütün ruha, yəni bütün bəşəriyyətə və yaxud onun bir hissəsinə təsir etməklə idarə edə bilərik.

Kabalanın təzahürü

Gəlin buna bu cür yanaşaq: əgər bir hüceyrə sola getmək istəyirsə, bütün bədən isə sağa gedirsə, o zaman həmin hüceyrə, bütün bədəni və ya hüceyrələrin əksəriyyətini, yaxud "hökuməti" sola getməyə inandırmasa, sağa getməli olacaq.

Beləliklə, baxmayaraq ki, biz öz istəklərimizi idarə edə bilmirik, cəmiyyət bunu etməyə qadirdir və edir. Bununla belə, bizim təsəvvürümüzə görə, bizə daha yaxşı təsir edəcək cəmiyyət seçmək iqtidarında olduğumuz üçün, belə bir seçimimiz var. Sadə dildə desək, öz istəklərimizin təftişi üçün cəmiyyətin təsirindən istifadə edə bilərik. Biz istəkləmizi idarə etməklə, öz növbəsində, düşüncələrimizi və nəhayət, əməllərimizi də idarə etmiş oluruq.

"Zoar"da hələ iki min il əvvəl ətraf mühitin vacibliyindən danışılır. Beləliklə, XX əsrdən başlayaraq məhv olmamaq üçün bir-birimizdən asılı olduğumuz məlum olduqda, ruhi tərəqqi üçün bizim bu qeyri-müstəqilliyimizin səmərəli tətbiqi həyati vacib amilə çevrildi. Kabalist Yequda Aşlaqın bir çox oçerklərində bizə çatdırmaq istədiyi əsas fikir məhz bundan ibarətdir və əgər onun fikrini diqqətlə izləsək, bunun nədən belə olduğunu anlaya bilərik.

Yequda Aşlaq deyir ki, etiraf edib-etməməsindən asılı olmayaraq hər bir insanın ən böyük arzusu - başqaları tərəfindən sevilmək və onların təqdirini qazanmaqdır. Bu, bizdə əminlik hissi yaratmaqla yanaşı, bizim ən qiymətli nailiyyətimiz olan eqoizmimizi möh-

Azadlığa aparan yol darısqaldır

kəmləndirir. Cəmiyyətin təqdirini görmədikdə, bizə elə gəlir ki, o, bizim varlığımızı belə inkar edir. Bu isə bizim eqomuz üçün ən dözülməz bir haldır. Bu səbəbdən bəzən insanlar ətrafdakıların diqqətini cəlb etmək üçün ifrat hərəkətlərə əl atırlar.

Bizim ən böyük arzumuz cəmiyyətin təqdirini qazanmaq olduğu üçün, biz öz ətrafımızın qanunlarına uyğunlaşırıq (və ya nəzərə alırıq). Bu qanunlar nəinki bizim davranışımızı və hərəkətlərimizi, hətta hər şeyə münasibətimizi, düşüncələrimizi müəyyən edir.

Belə bir vəziyyət bizə həyat tərzimizdən tutmuş, asudə vaxtımızın keçirilməsinə, qidalanmamıza, geyimimizə qədər - heç bir sahədə seçim etməyə imkan vermir. Hətta, dəb əleyhinə geyinərkən belə, biz bununla hansısa bir sosial qaydaya qarşı olduğumuzu göstərməyə çalışırıq. Başqa sözlə desək - etinasız yanaşdığımız dəb olmasaydı, biz bunu etməzdik, yaxud başqa bir geyim tərzi seçərdik. Son nəticədə, özümüzü dəyişməyin yeganə yolu - ətrafımızın sosial normalarını dəyişməkdir.

Kabalanın təzahürü

DÖRD AMİL

Əgər biz, ətraf mühitin məhsulu olaraq, öz seçimlərimizdə, fikirlərimizdə azad deyiliksə, o zaman biz öz hərəkətlərimizə görə cavabdehlik daşıyırıqmı? Yox, əgər daşımırıqsa, bəs kim daşıyır?

Biz bu suallara cavab vermək, seçim azadlığı əldə etmək üçün əvvəlcə mahiyyətimizi təşkil edən dörd amili anlamalı, onlarla necə işləməyi öyrənməliyik. Kabalaya görə, biz hamımız üzərimizdə həmin amillərin təsirini hiss edirik:

1. "əsas" və ya "ilkin materiya";
2. əsasın dəyişməyən keyfiyyətləriı;
3. xarici aləmin təsiri altında dəyişən keyfiyyətlər;
4. ətraf mühitin dəyişiklikləri.

Gəlin bunların hər birinin bizim üçün nə qədər əhəmiyyətli olduğunu aydınlaşdıraq.

Əsas, ilkin materiya

Bizim dəyişməyən mahiyyətimiz "əsas" adlanır. Mən müxtəlif əhvali-ruhiyyələrdə: xoşbəxt və ya qəmli, düşüncəli, əsəbi ola bilərəm, lakin istənilən cəmiyyətdə mənim əsasım olan "mənliyim" dəyişməz qalır.

Dördmərhələli səviyyə ideyasını anlamaq üşün, bitkilərin inkişafı və solması hallarını təsəvvür edək, məsələn, buğda dənəsini götürək. Buğda dənəsi torpaqda çürüyərkən bütünlüklə öz formasını, quruluşunu itirsə də, ondan yeni bir buğda sünbülündən başqa heç bir şey əmələ gələ bilməz, çünki onun əsası dəyişmir və buğda dənəsinin mahiyyəti sünbülün mahiyyəti olaraq qalır.

Əsasın dəyişməz keyfiyyətləri

Əsas dəyişməz qaldığı və buğda dənəsi yeni bir dənəyə həyat verdiyi kimi, buğdanın inkişaf ardıcıllığı da dəyişmir. Bir bitki yeni həyat dövranında özünə bənzər bir neçə bitkiyə başlanğıc verə bilər, onların kəmiyyəti və keyfiyyəti dəyişə bilər, lakin onların ilkin əsası, buğdanın mahiyyəti dəyişməz qalır. Daha sadə dildə desək, buğda dənəsindən buğdadan başqa heç bir başqa bitki yetişə bilməz və bu bitki ailəsinin bütün növləri, toxum çüçərəndən bitki solana qədər, həmişə eyni qayda ilə inkişaf edəcəklər.

Eynən bunun kimi, insan övladının da inkişaf mərhələləri eynidir və bu səbəbdən də uşağın hansı xüsusiyyətinin nə vaxt üzə çıxacağı bizə məlumdur. Belə dəqiq model olmadan, biz insanın böyümə diaqramını qura bilməzdik. Bu qayda bütün digər obyektlər üçün də keçərlidir.

Xarici qüvvələrin təsiri altında dəyişən keyfiyyətlər

Baxmayaraq ki, buğda dənəsi eyniadlı bitkinin dənəsi olaraq qalır, onun əlamətləri xarici mühitin müxtəlif amillərinin təsirindən - işıqdan, torpağın tərkibindən, gübrələrdən, rütubətdən asılı olaraq dəyişə bilər. Deməli, buğda əvvəlki kimi buğda olaraq qalsa da, xarici mühitin təsiri ilə onun mahiyyətinin xüsusiyyətləri zahiri dəyişikliklərə uğraya bilər.

Eləcə də, biz əvvəlki insan (bizim əsasımız) olaraq qaldığımız halda, əhvali-ruhiyyəmiz müxtəlif insan cəmiyyətlərində və vəziyyətlərdə dəyişə bilər. Bəzən mühitin uzunmüddətli təsiri nəinki əhvali-ruhiyyəmizi, hətta xarakter xüsusiyyətlərimizi belə dəyişə bilir. Bu yeni keyfiyyətlər heç də ətrafdakılar tərəfindən yaradılmır. Sadəcə olaraq, müəyyən növ insan cəmiyyətində olmaq bizim təbiətimizin oxşar tərəflərini aşkara çıxarır.

Ətraf mühitdə olan dəyişikliklər

Öz növbəsində, buğdaya təsir edən ətraf mühit də müəyyən xarici amillərin - iqlimin, havanın, yaxınlıqdakı digər bitkilərin təsirinə məruz qalır. Məhz bu səbəbdən insanlar bitkiləri, onlar üçün ən səmərəli şərait yaratmaqla, istixanalarda yetişdirirlər.

Biz insan cəmiyyətində də daim ətrafımızı dəyişirik: yeni məhsulları reklam edirik, hökuməti seçirik, müxtəlif tədris müəssisələrinə gedirik, dostlarımızla vaxt keçiririk. Aydındır ki, biz öz inkişafımızı idarə etmək üçün vaxtımızı keçirdiyimiz insan qruplarını da, ən əsası, hörmət etdiyimiz insanları da idarə etməyi öyrənməliyik. Məhz bu insanlar bizə daha çox təsir etmək imkanına malikdirlər. Əgər biz, islah olunmağa - altruist olmağa can atırıqsa, o zaman buna təkan verəcək sosial dəyişiklikləri bilməli və onları axıra çatdırmalıyıq. Biz göstərilən bu son amillərin - xarici mühit dəyişikliklərinin köməyi ilə mahiyyətimizi formalaşdırır, əsasımızın keyfiyyətlərini dəyişdirir və deməli, öz taleyimizi müəyyənləşdiririk.

İslah olunmaq üçün düzgün ətrafın seçilməsi

Biz, əsasımızın keyfiyyətlərini seçə bilməsək də, özümüzə konkret bir sosial mühit yaratmaqla həyatımıza və taleyimizə təsir edə bilərik. Başqa sözlə desək, ətraf mühit əsasın keyfiyyətlərinə təsir etməyə qadirdirsə, biz gələcəyimizi müəyyən edib, uyğun mühit yaratmaqla məqsədimizə çata bilərik.

Mən öz istiqamətimi müəyyən edib, məqsədimə doğru irəliləyərkən hərəkətlərimi stimullaşdıran uyğun mühit yaratdıqda, artıq bu cəmiyyətdən öz inkişafımın sürətləndiricisi kimi istifadə edə bilərəm. Məsələn, əgər mənə pul lazımdırsa, özümü pul qazanmağa can atan, qazanmağın yolları haqqında danışan, bu yolda dayanmadan çalışan insanlarla əhatə etməliyəm. Bütün bunlar məni də bu yolda çalışmağa və fikirlərimi maddi sahədə nailiyyətlər qazanmağa istiqamətləndirəcək.

Daha bir nümunə: Əgər mən artıq çəkidən əziyyət çəkir və arıqlamaq istəyirəmsə, bunu əldə etməyin ən sadə üsulu özümü bu haqda düşünən, danışan və bir-birini ruhlandıran insanlarla əhatə etməkdir. Əslində mən, lazımi mühiti yaradan insanlarla bərabər, özümü bu mühitin təsirini gücləndirən kitablarla, filmlərlə, jurnal məqalələri ilə də əhatə edə bilərəm. Mənim çəkimi azaltmaq arzumu gücləndirən istənilən vasitə əhəmiyyətlidir.

Azadlığa aparan yol darısqaldır

Mühitin qaydaları məhz belədir. Anonim alkoqolikləri, narkomanları islah edən, "artıq çəkiyə nəzarət" cəmiyyətləri kimi bütün müəssisələr, özünə yardım edə bilməyən insanlara məhz ətrafın təsir gücündən istifadə ilə kömək edirlər. Mühitdən düzgün istifadə etməklə, biz hətta arzulamağa belə cürət edə bilmədiyimiz, istənilən istəyimizə çata bilərik. Ən yaxşısı da budur ki, biz hətta hər hansı bir səy göstərdiyimizi belə hiss etməyəcəyik.

Kabalanın təzahürü

EYNİ NÖVDƏN OLAN QUŞLAR

Birinci hissədə biz "formaların oxşarlığı" prinsipi barədə danışdıq. Burada eyni prinsip tətbiq olunur - yalnız fiziki səviyyədə. Oxşar insanlara birlikdə olmaq rahatdır, çünki istəkləri və düşüncələri eynidir. Məlumdur ki, eyni növdən olan quşlar dəstələrdə birləşirlər. Əks prosesə başlamaq olar. Özümüzə bir "quş dəstəsi" seçərək, sonunda hansı "quşlara" çevriləcəyimizi müəyyən edə bilərik.

Bu mənada ruhaniyyətə olan həvəs də istisna təşkil etmir. Əgər mən ruhaniyyət aləminə can atıramsa, o zaman ətrafıma müvafiq dostlar, kitablar, materiallar toplamalıyam. Yerdə qalanını isə insan təbiəti həyata keçirir. Əgər bir qrup insan Yaradana bənzəmək qərarına gəlirsə, onlara heç kim, hətta Yaradan özü belə mane ola bilməz. Kabalistlər bu vəziyyəti "Mənim Oğullarım mənə qalib gəldilər" adlandırırlar.

Bəs o zaman nə üçün biz insanlarda ruhaniyyətə doğru böyük istək, can atma görmürük? Belə ki, burada kiçik bir maneə var: ruhaniyyətə sahib olmadan onu hiss etmək olmaz. Məsələ burasındadır ki, məqsədi görmədən, hiss etmədən onu həqiqətən arzu etmək çox çətindir və biz bilirik ki, böyük istək olmadan bir məqsədə çatmaq nə dərəcədə mümkünsüzdür.

Bunu bu şəkildə düşünün: bizim bütün istəklərimiz müəyyən bir xarici təsirin nəticəsində baş verir. Əgər mən pizzanı sevirəmsə, bu ancaq mənə valideynlərimin, dostlarımın, televiziyanın onun nə qədər dadlı olduğunu təlqin etdikləri üçündür. Əgər mən hüquqşünas olmaq istəyirəmsə, bunun da səbəbi bu peşənin cəmiyyətdə çox hörmətli, eyni zamanda yüksək gəlirli olması ilə əlaqədardır.

Lakin ətrafımızda bizə Yaradana bənzər olmağın nə dərəcədə gözəl olduğundan bəhs edən kimsə və ya nə isə tapılarmı? Əgər belə bir istək cəmiyyətdə mövcud deyilsə, o zaman bu istək məndə haradan yarana bilər? O, heçlikdən yarana bilərmi?

Xeyr, o, heçlikdən deyil, reşimotdan yaranır. Bu, gələcək haqqında xatirələrdir. Bunu belə izah edək. Dördüncü hissədə qeyd etmişdik ki, reşimot, biz hələ ruhaniyyətin yüksək pillələrində yerləşdiyimiz zamanlarda bizdə həkk olunmuş xatirələrdən, yazılardan ibarətdir. Bu reşimot bizim şüuraltında yerləşir və vaxtaşırı bir-birinin ardınca üzə çıxaraq hər dəfə əvvəlkilərdən daha yeni və güclü istəklər oyadır. Bundan əlavə, biz nə vaxtsa ruhaniyyət nərdivanının daha yüksək pillələrində yerləşdiyimiz üçün, hamımızda həmin ruhi vəziyyətə qayıtmaq istəyi oyanır ki, vaxtı gəldiyində istəklərin ruhi səviyyəsində onları yenidən yaşayaq.

Buna görə də soruşmaq lazım deyil: "Necə olur ki, mən ətrafımda təmsil olunmayan bir şeyi arzu edirəm?" Sual belə səslənməlidir: "İndi ki, bu istək məndə var, mən ondan maksimum dərəcədə necə səmərəli istifadə edə bilərəm?" Cavab isə çox sadədir: o istəyə da istənilən başqa istəyimizin obyekti kimi yanaşın - onun haqqında mahnı oxuyun, düşünün, danışın, mütaliə edin. Onun dəyərini artıra biləcək hər şeyi edin və sizin irəliləyişiniz buna mütənasib şəkildə sürətlənəcək.

"Zoar" kitabında dövrünün ən böyük kabalistlərindən olan, ravvin Yosi ben-Kisma haqqında örnək olacaq (həmçinin həqiqi) bir hekayə var. Bir dəfə başqa şəhərdən olan varlı bir tacir ravvin Yosiyə yaxınlaşaraq, onların şəhərinə köçərək orada müdrikliyə maraq göstərən insanlar üçün məktəb açıb, onları öyrətməyi təklif edir. Tacir izah edir ki, onun şəhərində müdrik adamlar yoxdur və onlara böyük ehtiyac var. O, həmçinin ravvin Yosinin və məktəbin bütün ehtiyaclarını artıqlaması ilə ödəyəcəyinə də söz verir.

Azadlığa aparan yol darısqaldır

Tacirin böyük təəccübünə rəğmən, ravvin Yosi deyir ki, heç bir zaman başqa müdriklərin olmadığı şəhərə köçməz. Tacir təkidində davam edərək, deyir: "Sizin başqa bir şəhərdə yaşayanları öyrətməyiniz böyük bir mənəvi xidmət ola bilər, çünki burada kifayət qədər müdriklər var, bizdə isə heç biri də yoxdur. Bu, gələcək nəslin mənəvi inkişafına əhəmiyyətli bir sərmayə ola bilər. Bəlkə böyuk müəllim bir daha düşünsün?"

Ravvin Yosi əminliklə cavab verir: "Ən müdrik adam belə, bir müddət axmaqlar arasında yaşadıqdan sonra öz müdrikliyini də itirə bilər." Məsələ onda deyildi ki, ravvin tacirin həmşəhərlilərinə kömək etmək istəmirdi. Sadəcə olaraq, o anlayırdı ki, uyğun ətrafı olmadan o, ikiqat itki verəcək - öz müdrikliyini itirəcək və tələbələrinə də heç bir bilik verə bilməyəcək.

ANARXİSTLƏRƏ YOX!

Əvvəlki bölmədən sonra belə bir fikir yarana bilər ki, kabalistlər ictimai qaydaları pozmağa can atan, ruhaniyyət yönümlü cəmiyyət yaratmağa səy göstərən anarxistlərdir. Bu fikir həqiqətdən tamamilə uzaqdır.

Yequda Aşlaq birmənalı surətdə izah edir ki, insan - ictimai varlıqdır. Bunu hər bir sosioloq və ya antropoloq təsdiq edə bilər. Başqa sözlə desək, biz ümumi bir ruhun hissəcikləri olduğmuzdan, ictimai mühitdə yaşamaqdan başqa seçimimiz yoxdur. Buradan belə məlum olur ki, biz yaşadığımız cəmiyyətin qanunlarına tabe olmalı və onun rifahının qayğısına qalmalıyıq. Bu məqsədə çatmağın yeganə üsulu - qətiyyətlə onun qaydalarına riayət etməkdir.

Bununla yanaşı, Baal Sulam təsdiq edir ki, onunla əlaqəsi olmayan istənilən digər hallarda, cəmiyyətin şəxsiyyətin azadlığını məhdudlaşdırmağa heç bir haqqı yoxdur. Baal Sulam daha uzağa gedərək, bunu edənləri cinayətkar adlandırır və bəyan edir ki, ruhaniyyət məsələlərində təbiət insanı çoxluğun iradəsinə tabe olmağa məcbur etmir. Əksinə, ruhi inkişaf hər birimizin şəxsi məsuliyyətidir. Biz inkişaf edərək yalnız öz həyatımızı deyil, bütün cəmiyyəti islah etmiş oluruq.

Yaşadığımız cəmiyyətin qarşısındakı vəzifələrimizlə şəxsi ruhi inkişafımız üçün daşıdığımız məsuliyyət arasındakı fərqi anlamaq çox vacibdir. Hüdudların harada olduğunu bilməklə, biz bir çox anlaşılmazlıqlardan və ruhaniyyət haqqında yalançı təsəvvürlərdən uzaqlaşmış oluruq.

Həyatın qanunları sadə və aydın olmalıdır: gündəlik həyatda qanunlar tərəfindən müəyyən olunmuş standartlara tabe oluruq, ruhaniyyətdə isə fərdi, azad inkişaf olmalıdır. Məlum olur ki, şəxsi azadlığa yalnız başqa insanların müdaxilə edə bilmədiyi ruhaniyyət yoluna qədəm qoymaqla nail olmaq olar.

EQOİZMİN MƏHVİ QAÇILMAZDIR...

Azadlığa olan sevgi - insanlara olan sevgidir, hakimiyyətə olan sevgi - özünəvurğunluqdur.

Uilyam Hezlitt
(1778 -1830)

Gəlin bir dəqiqəlik fikrimizi yayındıraraq, Yaradılışın əsasına dönək. Yaradanın yaratdığı yeganə şey - bizim almaq istəyimiz, eqoizmdir. Bizim mahiyyətimiz belədir. Biz eqoizmi "dezaktivasiya" etməyi öyrənməklə Yaradanla olan əlaqəmizi bərpa edəcəyik, cünki yalnız özünəvurğunluq bizə ruhi aləmlərdə mövcud olan, Onun quruluşuna ekvivalent olan formaya sahib olmağımıza mane olur. Eqoizmin aradan qaldırılması bizim ruhaniyyət pillələri ilə yüksəlişimizin, yəni islah prosesinin başlanğıcıdır.

Azadlığa aparan yol darısqaldır

Təbiətin işinə baxın ki, öz eqoist ehtiraslarının əsiri olan insanlar xoşbəxt ola bilməzlər. Bunun iki səbəbi var :

• Birinci hissədə aydın olduğu kimi, eqoizm - "tələdir": arzu etdiyimizə nail olduqda, daha onu arzulamırıq.

• Eqoist arzular təkcə insanın şəxsi hərisliyini təmin etmir, eyni zamanda başqalarının da narazılığına səbəb olur.

İkinci səbəbi daha yaxşı anlamaq üçün əsaslara qayıtmaq lazımdır. Nurun yayılmasının dörd mərhələsindən birincisi yalnız zövq almaq istəyindən ibarətdir. İkinci mərhələ daha mürəkkəbdir və vermək istəyindən irəli gələn zövqalma istəyi ilə xarakterizə olunur, cünki vermək istəyi Yaradana xasdır. Əgər insanın inkişafı birinci mərhələdə dayanıbsa, o, istəyi yerinə yetənə kimi zövq alacaq və daha başqaları haqqında düşünməyəcək.

İkinci mərhələ - Vermək istəyi - bizə bu istəyi yönəldə biləcəyimiz insanları görməyə kömək edir, lakin bizim əsas istəyimiz almağa yöneldiyindən, biz yalnız "onlar məndə olmayan nəyə isə sahibdirlər" fikrini düşünürük. İkinci mərhələ daim özünün başqaları ilə müqayisəsini, birinci mərhələ isə almaq istəyini, yəni başqaları üzərində yüksəlməyi nəzərdə tutur. Bütün bunlarla yanaşı, məhz bu səbəbdən müxtəlif ölkələrdə minimum yaşayış xərcləri eyni deyil. Vebster lüğəti minimum yaşayış xərclərini belə müəyyən edir: "insanın və ya ailənin ölkənin hökuməti tərəfindən qəbul olunmuş standartlara uyğun, ondan aşağıda yoxsulluğun başladığı gəlir səviyyəsi".

Əgər ətrafımdakı hər kəs mənim kimi yoxsul olsa idi, mən özümü yoxsul hesab etməzdim. Əgər ətrafımdakı hər kəs varlı, mənim gəlirim isə orta səviyyədə olsa idi, o zaman mən özümü Yer kürəsində ən yoxsul adam hiss edərdim. Başqa sözlə desək, bizim üçün norma, birinci mərhələ (nə əldə etmək istəyimiz) ilə ikinci mərhələnin (istəyimiz başqasının malik olduğu ilə müəyyənləşir) birləşməsindən ibarətdir.

Belə məlum olur ki, vermək istəyi, dünyamızın gözəl gələcəyinin zəmanəti olmaq əvəzinə, əslində, onda olan bütün şərlərin səbəbidir. Bizim pozulmalarımızın mahiyyəti məhz bundadır. Deməli, bütün vacib islah proseslərinin əsasını almaq niyyətinin vermək niyyəti ilə əvəz olunması təşkil edir.

> Azadlığa aparan yol darısqaldır

MÜALİCƏ

Heç bir istək, heç bir keyfiyyət öz təbiətinə görə qüsurlu deyil, hər şey bizim onları necə istifadə etməyimizdən asılıdır. Qədim kabalistlər deyirdilər: "Həsəd, nəfs və təkəbbür insanı dünyadan uzaqlaşdırır", yəni, "bizim dünyadan ruhaniyyət dünyasına".

Bu, necə ola bilər? Biz artıq qeyd etmişdik ki, həsəd insanı önə çıxmaq istəyinə doğru aparır, o isə öz növbəsində inkişafın təkanverici qüvvəsidir. Həsəd hissi istənilən texniki və maddi nailiyyətlərdən daha əhəmiyyətli nəticələrə səbəb olur. "Zoar" kitabına girişdə Yequda Aşlaq qeyd edir ki, insanlar bir-birini hiss edə bilirlər və bu səbəbdən də başqalarının malik olduqlarının çatışmazlığını duyurlar. Onlar həsəd dolu olduqları üçün başqalarında olanların hamısına nail olmaq istəyirlər, lakin nə qədər çox əldə edirlərsə, o qədər də çox düşgünlük, daxili boşluq hissi keçirirlər. Sonda belələri bütün dünyanı belə "udmağa" hazır olurlar.

Nəticədə, həsəd hissi insanı elə bir vəziyyətə gətirir ki, o artıq Yaradanın özündən başqa heç bir şeyə qane olmur, lakin burada Təbiət bizimlə yenə də oyun oynayır: Yaradan - vermək istəyi, altruizmdir. Əvvəlcə bunu dərk etməsək də, sürücünün yerini tutmaqla, Yaradan olmaqla, biz əslində, altruist olmağa susayırıq.

Beləliklə, həsəd kimi ən məkrli və zərərli bir hissin hesabına, bizim eqoizmimiz öz ölüm hökmünə qərar verir. Bu, xərçəng hüceyrələrinin, yerləşdikləri orqanizilə birlikdə özlərini də məhv etmələrinə bənzəyir.

Biz yenə də düzgün sosial ətrafın yaradılmasının əhəmiyyətini qeyd edərək, deməliyik ki, əgər biz həsəd aparmaq hissinə məhkumuqsa, o zaman çalışmalıyıq ki, bu, konstruktiv yolla olsun, yəni həsədimizin obyekti bizi islaha gətirən bir şey olsun.

Ədalətli və xoşbəxt cəmiyyət idarə olunan və ya "müəyyən istiqamətə yönəldilə bi-

Kabalistlərin eqoizmə verdikləri tərif belə səslənir: eqoizm əlində iti ucuna bihuşedici ətrə malik zəhər çəkilmiş qılınc tutan insana bənzəyir. İnsan bu zəhərin ölümcül olduğunu bilir, lakin özü ilə bacara bilmir... O, vaxtaşırı ağzını açaraq qılıncın zəhərli tiyəsini yalayır və udur.....

lən" eqoizmə arxalana bilməz. Biz onu qanun-qayda çərçivəsində saxlaya bilərik, amma bu hal yalnız vəziyyət kəskinləşənə qədər mümkündür. Almaniyada vaxtilə buna bənzər vəziyyət yaranmışdı - Adolf Hitler demokratik yolla reyxs-kansler seçilənə qədər ölkədə demokratiya bərqərar idi. Eqoizmi cəmiyyətə xidmətə doğru da istiqamətləndirmək olar, lakin bu cür eksperiment kommunistlər tərəfindən Rusiyada keçirilmişdi və faciə ilə nəticələndi.

Hətta Amerika kimi kapitalizmin imkanlarından azad istifadə edən ölkə belə öz vətəndaşlarını xoşbəxt edə bilmədi. "Nyu-İnqland Cournal of Medisin" jurnalında çap olunmuş məqaləyə əsasən, "hər il 14-54 yaşlı amerikalılar arasında 46 milyondan artıq adam depressiv tutmalara məruz qalır. Gənclərin və uşaqların müalicəsində istifadə olunan güclü antidepressantların istifadəsi 1993-2002-ci illər ərzində beş dəfəyə qədər artıb".

Nə qədər ki, eqoizm hökmranlıq edir, cəmiyyət ədalətsiz olaraq qalacaq, bu və ya digər formada öz vətəndaşlarının gözləntilərini aldadacaq. Sonda eqoizmə əsaslanan bütün cəmiyyətlər, onları doğuran eqoizmlə birlikdə süqut edəcəklər. Biz isə çalışmalıyıq ki, ümumi rifah naminə bu, mümkün qədər tez və ağrısız baş versin.

Kabalanın təzahürü

GİZLƏDİLMƏ

Kabalistlər Ali qüvvə hissiyyatının olmamasını "Yaradanın simasının gizlənməsi" adlandırırlar. Bu məxfilik bizim dünyamızla ruhaniyyət dünyası (Yaradanın dünyası) arasında seçim azadlığının olması xülyasını yaradır. Əgər biz Onu görüb, altruizmin üstünlüklərini həqiqətən hiss edə bilsəydik, o zaman mütləq Onun dünyasına üstünlük verərdik, çünki Yaradanın dünyası - vermək və həzzalma dünyasıdır.

Beləliklə, biz Yaradanı görmədiyimiz üçün nəinki Onun qaydalarına riayət etmirik, hətta onları pozuruq. Əslində o qaydaları bilsəydik və onları pozarkən üzləşdiyimiz əzabları görməsəydik, çox güman ki, onları pozmaqda davam edərdik, çünki hesab edəcəkdik ki, eqoist olaraq qalmaq daha maraqlıdır.

Azadlığa aparan yol darısqaldır

"Həyatın yüyəni" bölməsində qeyd etdiyimiz kimi, bütün Təbiət bu qanunlara - həzz almaq və əzab çəkmək qanunlarına tabedir. Başqa sözlə desək, planlaşdırdığımız hər bir şey ya əzablarımızı yüngülləşdirməyə, ya da həzzalmanı gücləndirməyə yönəlib. Bu mənada biz azad deyilik. Bu qüvvələr tərəfindən idarə olunduğumuz bizə məlum olmadığı üçün, biz elə hesab edirik ki, azadıq.

Yequda Aşlaqın oğlu, böyük kabalist Barux Aşlaq, öz atasından eşitdiyi sözləri yazırdı. Həmin qeydlər sonralar "Eşidilənlər" ("Şamati") adı altında kitab şəklində çap olunmuşdu. Qeydlərin birində belə bir sual qoyulur: əgər biz Ali qüvvə tərəfindən yaradılmışıqsa, nədən onu hiss etmirik? O, nə üçün gizlənir? Axı onun bizdən nə istədiyini bilsəydik, o zaman səhvlərə yol verməz və cəzalardan əzab çəkməzdik?!

Əgər Yaradan təzahür etsəydi, bizim həyatımız nə qədər sadə və sevincli olardı! O zaman biz Onun mövcudluğundan şübhə etməz, onun dünya və bizim üzərimizdəki hakimiyyətini hamılıqla etiraf edərdik. Biz yaranışımızın səbəbini və məqsədini anlayar, Onun bizim hərəkətlərimizə olan münasibətini müşahidə edər, onunla ünsiyyətdə olar, hər hansı bir hərəkət etmək istədikdə Onunla məsləhətləşərdik. Həyat necə də gözəl və asan olardı!

Barux Aşlaq fikrini yuxarıda deyilənlərdən irəli gələn məntiqi bir nəticə ilə bitirir: həyatda can atdığımız yeganə arzu Yaradanı aşkar etmək arzusu olmalıdır.

Beləliklə, biz, həqiqi azadlığa qovuşmaq üçün ilk növbədə, "zövq - əzab" qanununun yüyənindən xilas olmalıyıq. Belə ki, nəyin zövq, nəyin əzab verdiyini bizə məhz eqoizm göstərdiyindən, aydın olur ki, azad olmaq üçün ilk növbədə öz eqoizmimizdən xilas olmalıyıq.

AZAD SEÇİMİN ŞƏRTLƏRİ

Taleyin işinə baxın ki, əsl seçim azadlığı yalnız Yaradanın məxfiliyi şərti altında mümkündür. Bu, ona görə baş verir ki, mümkün variantlardan birini seçərkən, bizim eqoizmimiz bizə arzuladığımıza nail olmaqdan başqa seçim qoymur. Bu halda, hətta biz vermək istəyini seçsək belə, o, almaq xatirinə vermək, yəni eqoist Vermək istəyi olacaq.

Əməlimizin əsl mənada altrust və ruhi olması üçün, onun dəyəri bizdən gizli qalmalıdır.

Əgər unutmasaq ki, yaradılışın varlığının mənası son anda eqoizmdən xilas olmaqdır, o zaman bizim bütün əməllərimiz düzgün və bir istiqamətə -Yaradana yönələcək. Deməli, əgər bizə iki imkan verilibsə və biz hansının daha çox həzz (və ya daha az əzab) verəcəyini bilmiriksə, deməli, bu, o deməkdir ki, bizə bu halda öz iradəmizlə seçim etmək şansı verilir.

Əgər eqo hansı seçimin daha üstün olduğunu görmürsə, o zaman müxtəlif dəyərlər sistemindən istifadə etmək yolu ilə seçim etmək olar. Məsələn, özümüzdən soruşa bilərik: hansı seçim mənə daha çox vermək imkanı yaradar, hansı daha çox həzz gətirər? Əgər vermək istəyi bizim üçün qiymətlidirsə, bunu etmək o qədər də çətin olmayacaq.

İnsan ya eqoist olub, yalnız özünü, ya da altruist olub, başqalarını düşünə bilər. Başqa seçim yoxdur. Seçim azadlığı, hər iki imkanın aydın şəkildə göründüyü, eyni dərəcədə cəlbedici (və ya qeyri-cəlbedici) olduğu halda mümkündür. Mən yalnız bir imkan görürəmsə, o zaman mən onu həyata keçirməli olacağam. Beləliklə, seçim azadlığı insanın özünün və Yaradanın təbiətini anladığı halda mümkündür. Mən yalnız nəyin daha çox həzz verəcəyini bilmədiyim halda, əsl azad seçim edib, oz eqoizmimi neytrallaşdıra (zərərsizləşdirə) bilərəm.

AZAD SEÇİM

Ruhaniyyətlə işin birinci prinsipi budur - "İnam bilikdən alidir". Buna görə də azad seçimin həyata keçirilməsindən bəhs etməzdən əvvəl, "inam" və "bilik" kimi kabala ifadələrini izah etmək vacibdir.

Kabalanın təzahürü

İNAM

Dünyada mövcud olan bütün dinlərdə və etiqadlar sistemində "inam" anlayışı altında, insanın nəyi isə görə və dərk edə bilməməsinin əvəzedici üsulu anlaşılır. Başqa sözlə desək, Allahı görmədən, biz Onun varlığına inanmalıyıq. Bu halda biz Onu görməyin mümkünsüzlüyünü əvəz etmiş oluruq. Bu, "kor inam" adlanır.

Beləliklə, inam təkcə dində deyil, bütün əməllərimizdə əvəzetmə üsulu kimi istifadə olunur. Məsələn, biz haradan bilirik ki, Yer kürəsi dairəvidir? Məgər biz buna şəxsən əmin olmaq üçün kosmosa uçmuşuq? Biz sadəcə olaraq, onun kürə şəklində olduğunu deyən alimlərə inanırıq, çünki onları bəyan etdiklərini yoxlayan, etibarımızı qazanmış insanlar hesab edirik. Biz onlara inanırıq, bu, elə inamım özüdür - kor inam.

Beləliklə, özümüzün görmək imkanımız olmadığı zaman kontekstin çatışmayan hissəsini tamamlamaq məqsədilə, biz inamdan istifadə edirik. Halbuki, bu məlumat inandırıcı və etibarlı olmaya bilər - çünki bu, sadəcə kor inamdır.

Kabalada inam dedikdə, indi deyilənlərin tam əksi anlaşılır. Kabalistlər üçün inam - Yaradanın, həyatı idarə edən qanunun hiss olunacaq dərəcədə tam, canlı qavrayışı deməkdir. Deməli, Yaradana inamın əldə edilməsinin yeganə yolu - Onun kimi olmaqdır. Əks halda, bizim kimi şübhələrlə dolu varlıqlar Onun kim olduğunu və ya mövcud olub-olmadığını haradan bilə bilərlər?

BİLİK

İzahlı lüğətdə (Slovarğ russkoqo əzıka, Moskva, "Russkiy yazık", 1981) "bilik" anlayışına üç şəkildə tərif verilir:
1) hər hansı bir məlumata malik olmaq, hər hansı bir elm sahəsi haqqında məlumatlılıq;
2) hər hansı bir sahənin dərk edilməsi, öyrənilməsi;
3) gerçəkliyin təcrübədən keçirilərək dərk olunması və onun insan düşüncəsində düzgün əks olunması.

Bir çox başqa sözləri də sinonim kimi "bilik" anlayışının tərifinə əlavə etmək olar: "idrak", "zəka", "ağıl", "məntiq" və s.

İndi isə kabalist Barux Aşlaqın peyğəmbərcəsinə dediyi, bizə biliyin fövqündə ucalmağın vacibliyini izah edən sözlərini oxuyaq:

"Almaq istəyi ona görə yaranmışdı ki, Yaradanın məqsədi məxluqlarına xeyir bəxş etmək idi. Bunun

üçün isə bu zövqü qəbul edəcək qab (kli) lazım idi. Bundan əlavə, əgər həzzə ehtiyac duyulmursa, müəyyən ehtiyac yoxdursa, heç bir həzz hiss olunmur. Bu almaq istəyi Yaradanın xəlq etdiyi İnsanın (Adamın) ruhi obrazıdır. Biz "İnsana bütün əbədi həzzlər bəxş olunacaq" dedikdə, Yaradanın onun üçün planlaşdırdığı bütün həzzlərin Almaq istəyi tərəfindən qəbulunu nəzərdə tuturuq.

Almaq istəyinə xidmətçilər təyin olunmuşdu - əllər, ayaqlar, görmə, eşitmə orqanları və s.. Bütün bu orqanlar insanın xidmətçiləri hesab olunurlar. Başqa sözlə desək, almaq istəyi - ağa, bu orqanlar isə onun xidmətçiləridirlər.

Həmişə olduğu kimi, onların arasında eşik ağası da var. O, xidmətçilərin üzərində nəzarəti həyata keçirir ki, onlar ağaya həzz vermək üçün çalışsınlar, çünki ağa (Almaq istəyi) ancaq bunu istəyir.

Əgər xidmətçilərdən biri yoxdursa, onunla əlaqədar həzz də yoxdur. Məsələn, əgər insan kardırsa, o, musiqidən həzzalma hissindən məhrum olacaq. İybilmə hissi yoxdursa, ətirlərdən həzz almaq qabiliyyəti də itir.

Əgər beyin (nəzarətçi), fəhlələrə nəzarət edən icraçı yoxdursa, bütün işlər alt-üst olacaq, ağa isə ziyana düşəcək. Əgər bir adamın şirkəti varsa, onun çoxlu işçiləri varsa, lakin yaxşı idarə edəni yoxdursa, ağa xeyir əldə etmək əvəzinə, iflasa uğrayacaq. Lakin idarə edən (bilik) olmadığı halda belə, ağa

(Almaq istəyi) mövcuddur. Hətta idarə edən ölsə də, ağa yaşamaqda davam edir. Onlar bir-biri ilə bağlı olmaya da bilərlər".

Belə çıxır ki, almaq istəyi üzərində qələbə çalmaq, altruist olmaq istəyiriksə, biz ilk növbədə onun "qərargah rəisinə" - öz biliklərimizə qalib gəlməliyik. Deməli, "inam bilikdən alidir" formulu o deməkdir ki, inam - Yaradanın tam bənzərinə çevrilmək bizim üçün eqoizmdən, bilikdən - bizim eqoizmimizdən ali (vacib) olmalıdır.

Bu məqsədə çatmağın iki aspekti var: şəxsi səviyyədə - ruhi dəyərləri qiymətləndirməyə kömək edən təlim qrupu və dostlar, kollektiv səviyyədə isə bütün cəmiyyətin mənəvi dəyərlərə hörmət etməyi öyrənmələri tələb olunur.

Azadlığa aparan yol darısqaldır

XÜLASƏ

Həyatdakı bütün əməllərimiz həzz - əzab prinsipləri ilə müəyyən olunur: biz əzablardan uzaqlaşıb, həzzlərə doğru can atırıq və elə hesab edirik ki, həzz almaq üçün nə qədər az çalışsaq, o qədər yaxşıdır!

Həzz - əzab prinsipi almaq istəyindən irəli gəlir, o isə, öz növbəsində, bizim mahiyyətimizi təşkil edir. Beləliklə, biz özümüzü azad hesab edə bilərik, lakin əslində yüyənimiz olan həzz və əzab, bizim eqomuzun əlindədir.

Bizim kim olduğumuzu dörd amil müəyyən edir:
1. əsas;
2. əsasın dəyişməz keyfiyyətləri;
3. xarici qüvvələrin təsiri altında dəyişən keyfiyyətlər;
4. xarici mühitdə baş verən dəyişikliklər.

Biz yalnız son amilə təsir edə bilərik, lakin məhz həmin amil digərlərinə təsir edə bilər.

Deməli, kim olmaq qərarını verməyin yeganə üsulu - son amildir ki, bizə nəzarəti həyata keçirmək və öz xarici ətrafımızı dəyişmək imkanı verəcək. Sonuncu amilin dəyişməsi digər bütün amillərə də təsir etdiyinə görə, biz onu dəyişməklə, özümüzü dəyişirik. Biz eqoizmdən xilas olmaq istəyiriksə, xarici ətrafımızı eqoizmi deyil, altruizmi dəstəkləyən ətrafa çevirməliyik.

Eqoizmin zəncirindən, almaq istəyindən xilas olan kimi, bizim ruhaniyyətə doğru irəliləyişimiz mümkün olacaq. Bunun üçün "İnam bilikdən üstündür" prinsipini əsas tutmaq lazımdır.

Kabalada "inam" dedikdə "Yaradanı bütün mükəmməlliyi ilə qəbul etmək" nəzərdə tutulur. Düşüncəmiz, niyyətimiz, istəklərimiz, keyfiyyətlərimizlə Ona bərabər olmaqla inam qazanmaq olar. "Bilik" anlayışı zəkaya - bizim eqoizmimiz üzərindəki "nəzarətçiyə" aiddir. Ondan yüksək olmaq üçün Yaradana bənzərliyi xəyalımızda yaratdığımız istənilən növ eqoist həzzdən bizim üçün daha əhəmiyyətli, daha vacib hesab etmək lazımdır.

Şəxsi səviyyədə Yaradanın əhəmiyyətini (altruizmi), vermək istəyinə üstünlük verən kitablar (və ya digər informasiya vasitələri), dostlar, müəllimlər vasitəsilə gücləndiririk. Cəmiyyət səviyyəsində isə daha güclü altruist dəyərlərin yayılmasını həyata keçirməyə çalışırıq.

Bununla yanaşı, (və bu, müvəffəqiyyətli dəyişmələrin mühüm şərti sayılır) altruist dəyərlərin mənilmsənilməsi, həyatımızın daha zövqlü olması məqsədilə həyata keçirilməməlidir. Onun məqsədi şəxsiyyətin və cəmiyyətin, gerçəkliyin yeganə qanunu olan altruizmlə - Yaradanla və deməli, təbiətlə tarazlığa gəlmək olmalıdır.

Biz bir şəxsiyyət və cəmiyyət kimi, özümüz üçün belə bir ətraf mühit yaratdıqda, tədricən dəyərlərimiz bizim ətrafımızın dəyərləri ilə əvəz olunur və bizim eqoizmimizin rahat, xoşagələn halda altruizmə çevrilməsi baş verir.

МЕЖДУНАРОДНАЯ АКАДЕМИЯ КАББАЛЫ
под руководством Михаэля Лайтмана
http://www.kabacademy.com/
Учебно-образовательный интернет-ресурс, неограниченный источник получения достоверной информации о науке каббала.
Выберите удобный для вас способ обучения на сайте.

УГЛУБЛЕННОЕ ИЗУЧЕНИЕ КАББАЛЫ – ЕЖЕДНЕВНЫЙ УРОК
https://kabbalahmedia.info/ru/
Каждое утро на сайте ведется прямая трансляция уроков каббалиста Михаэля Лайтмана для всех, кто занимается углубленным, ежедневным изучением науки каббала и исследованием каббалистических первоисточников. Занятия проводятся на иврите с синхронным переводом на 8 языков, включая русский язык. Есть возможность задавать вопросы в режиме реального времени.

Видео портал Каббала Медиа располагает уникальным контентом в виде бесплатных видеоматериалов, текстов, видеоклипов, фильмов, музыки.

ИНТЕРНЕТ-МАГАЗИН КАББАЛИСТИЧЕСКОЙ КНИГИ
https://books.kab.co.il/ru/
Международная академия каббалы издает учебные пособия и другие книги, предназначенные для самостоятельного изучения каббалы. Все учебные материалы основаны на оригинальных текстах каббалистов, сопровождаемых комментариями руководителя академии, каббалиста Михаэля Лайтмана.

www.ingramcontent.com/pod-product-compliance
Lightning Source LLC
LaVergne TN
LVHW010204070526
838199LV00062B/4490